憲法学者の思考法

木村草太

青土社

まえがき

学問軽視の風潮がある今、「法学に基づいて考える」ということの意味をちょっと考えてみよう。当然ながら、法学は学問の一種である。学問的であるか否かの判断基準は、「その学問分野で了解されているいろいろな作法を守っているか」にある。

例えば、法律を学び始めてすぐに出てくる「善意の第三者」という法文の文言。個人的な感覚や文学のセンスからすれば、「ピュアな人のことだろう」とか「通りがかりの良い人という意味だろう」などと考えることもできるだろう。しかし、法学に則って条文を解釈する場合には、その法文の由来を調べ、過去の判例や著名な教科書がどのように解釈しているかを理解した上で、法律の体系全体と整合し、法の定める基本的な理念や価値と合う帰結を導く解釈を考えなくてはならない。「善意の第三者」も、法学的には、「盗品をそうと知らずに買った人」など、問題の事情を知らない人のことで、日常用語的には「不知の第三者」と言った方が分かりやすい概念だ。

こんなことを言うと、「学問の自由」などといっているくせに、学問はとても窮屈で不自由だ、と思う人もいるかもしれない。確かに、「学問の不自由」は一面において真実だ。物理学の実験は、ちょっとのミスでダメになる。歴史学では、史料から読み取れないことは成果にならない。数学では、一部のスキもない証明だけが評価される。

しかし、優れた学者は、学問の枠を自由に使いこなし、不自由を感じさせない。これは、優れた棋士の将棋に似ている。将棋のルールは、学問に比べても窮屈だ。銀は横に動けず、桂馬は前に進めない。最強の駒の飛車ですら斜《なな》めは苦手だ。そして、実際、私のような素人が駒を動かすと、駒も自分もどんどん不自由になっていく。ところが、プロ棋士の将棋は違う。全ての駒が躍動し、自由自在に連携する。昭和の大棋士、升田幸三は「俺がにらめば、銀も横に動く」と言ったが、思わずうなずいてしまう。

というわけで、升田幸三先生のようにはいかないまでも、学問の枠をより自由に使いこなせるようになりたいと、私は常々思っている。

本書には、私の書いてきたエッセイや論考が集められている。専門の憲法学に関わるものもあれば、そうでないものもある。ただ、学者は、なかなか自分の学門の枠から離れることはできない。憲法学に直接関係ない原稿にも、憲法学の思考法がにじみ出ていることだろう。それを感じ取っていただけると、学者としてはとてもうれしい。

憲法学者の思考法

目次

沖縄を問うということ

建築、空間など

将棋をめぐって

本や映画のこと

憲法学者の思考法

憲法と国家

国家は、「今あなたは本を読んでいる」というときの「本」のような存在ではない。それは、特定の人間による特定の行為を「国家の行為」とみなすルールによって成り立つ。例えば、永田町の建物の中で、バッジをつけた人々が起立することを「法律の制定」とみなすルールがある。こうしたルールの総体が憲法だ。

厄介なことに、ルールは人々の頭の中にしかない。だから、法律を無視する国家行為が常態化すれば、人々は「国家機関は法律に従わなくてはならない」というルールは存在しないものと考えるようになる。この性質を利用して、権力者は、憲法を自分に都合がよい別のものに置き換えようとする。

しかし、権力者の都合で憲法を変えれば、国民に不幸が生じるのも当然だろう。それを防ぐには、いまある憲法を正確に理解することが不可欠だ。本章の目標もそこにある。

憲法は待たれながら

1　張り紙から過去が見える

ここ数年、かつてなく憲法に注目が集まっており、私も、しばしばテレビやラジオの出演依頼を受ける。

報道機関で印象的なのは、セキュリティの厳しさだ。「社員証は必ず携行しましょう」といった張り紙をよく目にする。張り紙と言えば、夜のラジオでしばしば声をかけて頂く某局のトイレには、他局では見ないユニークな張り紙がある。「居眠りは止めましょう」と書かれているのだ。居眠りの常習犯がいたに違いない。

「憲法学者がなぜ張り紙の話など始めるのだ？」といぶかしがる方もいるかもしれない。しかし、張り紙は憲法理解のための良い素材だ。

2　憲法って何ですか？

仕事柄、よく「憲法って何ですか？」と聞かれる。答えかたはいろいろあるが、私は、「国家権力がしでかした失敗への反省から作られた張り紙のようなものだ」と説明することにしている。

歴史を振り返れば、国家権力は、気に入らない人間を弾圧したり、独裁をしたり、あるいは無謀な戦争をしたりして、国内や国外の人々を困らせてきた。そうした失敗を繰り返さないようにするには、人権を保障しましょう、権力を分立しましょう、軍事権を行使するには慎重な手続を経ましょう、などといったルールをあらかじめ定めておくのが有効だ。このような構想を立憲主義という。過去にトイレでの居眠りが多かったので、それを防ぐために張り紙をしよう、というのと同じ発想だ。

立憲主義に基づき制定された憲法が機能すれば、人権は保障され、権力は濫用されにくくなる。無謀な戦争も起きにくくなる。憲法は、国民からのそうした期待を一身に背負い、その活躍が待たれているはずだ。

3　憲法は待たれているのか？

憲法は、国家権力をコントロールするためのよりどころである。憲法知識がごく一部の専門家だけにしか知られていないのでは、憲法はうまく機能しないだろう。市民の間にも理解を深め、権力者がおかしなことをしそうになったら、「それはだめです」と押しとどめる力を持たねばならない。

しかし、専門誌の論文や最高裁の判例を離れ、一般メディアや論壇の議論を見ていると、憲法は本当に待たれているのだろうか、という気がしてくる。そこで流通している憲法論議は、専門の研究者が普段考えていることとあまりにもかけ離れていることが多い。知識人と呼ばれる人たちまでもが、誤った前提のもとに議論をしていたりする。

例えば、「婚姻は、両性の合意のみに基いて成立」する、と定めた憲法二四条は、何を意味しているのか。戦前の旧民法では、婚姻に、親や親族の同意が必要であり、当事者の合意だけでは結婚できなかった。また、女性の地位が低く、選挙権もなければ、家庭内でも従属的な立場にあった。憲法二四条はこれを改め、当事者の合意「のみ」で婚姻できること、男性だけでなく女性の同意も必要であることを定めるために制定された。

こうした時代背景を学んでいれば、憲法二四条は、当事者の意思を尊重するために定められたのであって、同性婚を禁じる趣旨など全くないことは明らかだ。にもかかわらず、一般メディアや知識人とされる人が、「憲法二四条は同性婚を禁じている」と解説したりする。人々の幸せを本気で願うならば、このような誤った言説を修正し、建設的な議論のベースを作っていかねばならない。

しかしながら、「そんなことは不可能なのではないか」と無力感に襲われることがある。人々がきちんとした学問的知識を求めているなら、そして、そうした学問的知識に裏打ちされた社会の実現を求めているなら、とっくの昔に誤りは修正されているはずではないだろうか。社会は、憲法の求める理想とはかけ離れた世界、すなわち、立憲主義の成立以前の世界を求めているのではないだろうか。「やってられないなあ、本当に、私は待たれているのだろうか」、という憲法のぼやきが聞こえてきそうだ。いとうせいこう氏の名作『ゴドーは待たれながら』は、ベケット『ゴドーを待ちながら』を裏側から描いている。『待たれながら』のゴドーは、本当に待たれているのだろうかと、延々、逡巡する。これはまさに今の憲法がおかれた状況のようではないか。

しかし、憲法自身は、「ぼやく」なんて態度からは程遠い。憲法一二条は、「この憲法が国民に保障する自由及び権利は、国民の不断の努力によって、これを保持しなければならない」と力強く宣言する。

立憲主義の実現に向けた努力が徒労のように感じることもあるかもしれない。しかし、立憲主義のために精一杯努力して、ようやく今の状態にとどまっている。このささやかな努力をやめてしまったら、もっとひどいことになる。

憲法がぼやいているように感じたのは、単なる私のぼやきに過ぎなかったのだ。

4　本当に困っている人たちのために

そう思って、もう一度、考えてみる。憲法を待っている人は本当にいるのだろうか。確かに、日々の生活に満足している人たちは、「憲法なんてあってもなくても一緒だ」と思っているかもしれない。しかし、本当に困っている人たちは違う。誰かに助けを、希望を求めている。本当に困っている人たちのために、憲法は何をできるか。それを検討したのが、『憲法という希望』(講談社現代新書)という本だ。

この本では、夫婦別姓訴訟と辺野古基地問題を考えた。民法七五〇条は、夫婦のどちらかが氏を変更しないと法律婚はさせない、と規定するため、多くの別姓希望カップルが、事実婚という不安定な状態にとどまることを余儀なくされている。辺野古基地の建設について、沖縄の人々は、本当に困り果て、心の底から怒っている。

困っている人たちのために、憲法にできることはないのか。実は、結構あるはずだ。憲法を国民がきちんと使いこなせるようになれば、憲法は社会をより良くする力になる。本当に困っている人たちの希望になる。『憲法という希望』では、憲法を神棚《かみだな》に祭り上げるのではなく、憲法を引きずり出そう、現実に役立てようと試みている。

5　憲法を伝えるには？

ただ、本の著者というのは、自分の中で当たり前になっていることがたくさんあり、説明すべきことを説明せず、読者をはてなマークの中に置いてきぼりにしがちだ。私もその例外ではない。例外でないどころか、どんぴしゃりの典型例である。

だから、私の本には、読者の視点から適切な質問を投げかけてくれる人が必要だ。なんと、『憲法という希望』では、国谷裕子さんがその役をやってくださった。皆さんもご存知の通り、国谷さんは、ＮＨＫ「クローズアップ現代」のキャスターとして活躍した。「伝えるプロ」の国谷さんが投げかける質問は、視聴者が「まさにそこを聞いてほしかった」と思うものばかりだ。

私の一方的な語りを読んで、「いまひとつよくわからない」と思った方も、きっと、最後の対談部分を読んだ後には、「なるほど」と感じるところが格段に増えているのではないかと思う。

6 お説教はそろそろ終わりに

憲法は大切だとか、立憲主義は人類普遍の原理だと抽象的に言っても、その大切さはなかなか伝わらない。偉そうなお説教に聞こえ、「憲法なんてうんざりだ」という反発を生むことすらあるだろう。

しかし、本当に困っている人を前に、「すべての人が尊重される社会を作るにはどうしたらいいのだろう」と考えをめぐらすと、憲法の潜在力に気づくはずだ。自ずと、建設的な提案が見えてくる。

異なる個性を持つ人々が共に生きようとする限り、憲法は間違いなく待たれている。憲法にどんな希望が見えるのか。ぜひ、体感してみてほしい。

憲法を疑う人は何を信じているのか？

1　トミナガの方違え

安保法制の審議を見ていて、友人トミナガのことを思い出した。

彼は中学二年の頃、少しばかり厄介な精神状態に陥っていた。初めのうちは、「ちょっといろいろあって」と学校をちょくちょく休む程度だった。誰よりも頑丈なやつだったので病気のはずもなく、不思議に思いはしたものの、あまり気に留めなかった。しかし、マラソン大会のコースを左回りにすべきだと、断固とした口調で主張したのには驚いた。例年のコースは右回り。「反抗期もいい加減にしろ」と担任のサカマキ先生は言った。ついでに、クラス委員の私やタナカさんもそう言った。しかし、トミナガは、先生や私たちの言うことにはまったく耳を貸さずに、こう言い放った。

「大会当日は、天一神《てんいちじん》がおられて塞がりが生じます。方違《かたたが》えが必要です」

ここでみんなは、トミナガの欠席理由に合点がいった。トミナガは、耳どころか身も心も平安時代の古典教養に貸し切り状態だったのだ。「伊勢物語」を読み始めたところで止めておくべきだった。「更級日記」を経て、「源氏物語」の世界の住人となった段階では、もう手が付けられない。

ともあれ、この話の教訓はこうだ。何かに耳を貸さない態度とは、他の何かに耳も身も心もはまりきっていることの裏返しである（なお、トミナガの思い出はフィクションである）。

2　存立危機事態条項の曖昧さ

さて、安保法制の話に入ろう。法案内容は多岐にわたるが、特に重要なのは、「存立危機事態」での武力行使を認める自衛隊法七六条の改正だ。これは、集団的自衛権を容認する条項だとされる。

「存立危機事態」とは、「我が国と密接な関係にある他国に対する武力攻撃が発生し、これにより我が国の存立が脅かされ、国民の生命、自由及び幸福追求の権利が根底から覆される明白な危険がある事態」と定義される（新自衛隊法七六条一項二号）。「他国への武力攻撃が発生」というのは理解できるとして、「我が国の存立が脅かされる」とは、どのような場合を示すのだろうか。

日本の存立危機という概念は、はじめて登場した概念ではなく、一九七二年（昭和四七年）の政府見解に現れたものだ。この見解は、日本国憲法の下でも、「自国の平和と安全を維持しその存立を全うするために必要な自衛の措置」として、武力行使をすることは可能だとした。ここに言う「自衛の措置」とは、「外国の武力攻撃によって国民の生命、自由及び幸福追求の権利が根底からくつがえされるという急迫、不正の事態に対処し、国民のこれらの権利を守るための止むを得ない措置」とされる。つまり、昭和四七年見解は、日本の存立危機を、日本が武力攻撃を受けた事態だと定義している。

この定義は正当だろう。法的には、「国家」とは主権を有する団体であり、「国家が存立する」とは、その国家の主権が維持できている状態を意味する。そして、「武力攻撃」とは、ある国家の主権を排除・制圧するために組織的・計画的になされる実力行使のことを言う。とすれば、「国家の存立（主権が維持できている状態）を脅かす事態」とは、「武力攻撃（主権を排除・制圧する組織的・計画的な実力行使）がなされる事態」であるのは当然だ。

さて、こう考えると、今回の「存立危機事態」は、他国への武力攻撃が、同時に、日本への武力攻撃の着手になる場合を意味しており、日本への武力攻撃事態の一種だということになる。従来の自衛隊法七六条・八八条、武力攻撃事態法は、武力行使を含む対応を認めている以上、存立危機事態条項は、これまでの法内容を確認するものにすぎない。条文を法的に分析する限り、こう考えるのが素直だろう。

しかし、安倍政権の閣僚たちは法案審議の中で、石油価格の上昇や、米艦に乗った日本人への危険、あるいは、日米関係の揺らぎも、存立危機事態になりうると答弁し、「我が国の存立」という言葉について、全く明確な定義は与えられなかった。これでは、いかなる場合に武力行使が許されるのかの基準になりえない。したがって、今後、政府が存立危機事態であることを理由に武力行使をしたとき、政府の判断が法律に則っているのか否かを、国会も国民も判断できない。つまり、法の支配に反しており、存立危機事態条項は、法律の明確性の要請に反し違憲無効である。

また、仮に、このような曖昧な解釈指針のままに法律が制定されれば、日本の存立危機の場合にのみ武力行使を認めるとの「限定」は全く機能せず、外国が武力攻撃を受けた場合であれば、ほぼどんな場合でも武力行使ができることになるだろう。これは、当然、憲法九条に違反する。

3　何を信じているのか？

こうした曖昧不明確な立法は、武力行使の範囲を拡大すべきだとする立場から見ても不合理だ。というのも、曖昧不明確な法文は、いざ使おうと思ったときに、本当に適用していいのか疑義が生じるからだ。たとえ時の政権が武力行使を決めたとしても、国会や政権交代によって「それは存立危機事態ではない」と判断を覆されたり、裁判所が違憲だと判断したりする可能性がある。

そんな不安定な法的基盤の上で、自衛隊を活動させるのは不合理極まりない。

なぜ、こんなわけの分からない法整備をしようとするのか。これを考えるヒントになるのが、トミナガの方違えだ。トミナガが頑《かたく》なに左回りを主張したのは、先生やクラスメイトの言葉にまったく耳を貸さない一方で、天一神のことは固く信じていたからだ。政権が、憲法学者や歴代法制局長官、そして多くの国民が憲法違反だと言っているのに耳を貸さないのも、法の支配や立憲主義とは違うものを固く信じているからだろう。

では、何を信じているのか。政権は今回の安保法制を正当化するため、「民主主義で選ばれた私」・「日米同盟の強化」・「対中抑止力」等のキーワードを繰り返している。安保法制の支持者は、それらをかざせば、国民や国会や裁判所に批判されることはないと踏んでいるふしがある。

しかし、いずれも説得力はない。選挙で選ばれたからといって何でもやってよいわけではなく、あくまで憲法の範囲内で活動するのが立憲主義の基本だ。日米同盟の強化を本気で考えるなら、日本の存立に関わるときのみの協力なんて、あまりに利己的で無意味だろう。さらに、対中抑止を本気で考えるなら、個別的自衛権のための装備や人員の充実の議論をするなり、外交を強化するなりした方が、よほど有効ではないだろうか。

4　異なる人々の共存を支える憲法

合理的な議論を寄せつけず、自分たちの危機感にかられて猛進する政権の姿は、かなり危うい。

それを合理的な議論に引き戻すのが、憲法の役割だ。

人類の歴史の中で、国家権力はしばしば判断を誤り、権力を濫用して国民を苦しめてきた。その過ちを繰り返さないように、チェックリストを定めたのが憲法だ。憲法の条文に照らして、正しい判断と言えるかを一つ一つ丁寧に確認することで、時の感情に流されずに合理的な判断が導かれる。憲法論は、形式的な議論である。しかし、憲法は形式的であるからこそ、異なる価値観や考えを持つ人々の共通の参照点になる。すべての人が自分の価値観や考え方を相対化して、他者に対し説得をするプロセスが生まれるのだ。

もちろん、本当に必要な政策なのに、憲法がその実現を阻むこともあろう。そういう場合には、国会と国民を説得して、憲法を改正すれば良いだけだ。憲法改正は国家にとって極めて重要なので、通常の法改正よりも厳しい手続が要求される。厳しい手続を通じて、慎重で冷静な議論を促し、少数派も含めた広範な合意を獲得できるようにしているのだ。本当に国民のために必要な改正なら、国民も、国民が選んだ国会議員も、それを拒むはずがない。現に、全会一致で成立する法律はたくさんある。

憲法は、信じるものが違う人々が共存する知恵だ。それを参照点とすることを拒否するのは、異なる人々の共存という近代国家の理念を放棄することにつながってしまう。

5　日本国憲法の理念

最後に現在の憲法の理念について、考えておこう。日本国憲法は、武力行使に極めて慎重な姿勢をとっている。これには、「自国が平和ならそれでよい」という利己主義だとの批判が投げかけられることもある。しかし、本当に、現行憲法の理念は利己的なのだろうか。

確かに、侵略国家が登場したとき、難民支援や復興支援などの平和的な活動にも、被侵略国を守るための武力行使にも参加しない、ということなら利己的との批判は免れないだろう。しかし、武力行使をしない立場を生かして、他の平和貢献を積極的に行うことは、決して利己的ではない。

アフガニスタンでボランティア活動を行う中村哲氏がしばしば強調することだが、紛争地域でボランティア活動をするには、現地の人々から怨念や不信を向けられないことが大事である。「日本という国は、どんな名目であっても外国を攻撃しない」ことが知られていれば、現地の人から活動の中立性について高い信頼が得られる可能性が高い。そうした信頼を生かして、難民支援や復興支援に力点を置いて国際貢献を行う国家があることは、国際社会にとっても有益だ。だとすれば、これまでの法制度は、決して不当とは言えないのではないか。

もちろん、武力による国際貢献こそが先進国の責任だという議論には一定の説得力があるし、国民の支持があるなら憲法改正を検討すべきだろう。しかし、憲法や改憲手続を無視して、曖昧不明確な条文で武力行使の範囲を広げるのは、法の支配、立憲主義、平和主義といった重要な原理に違反する。

トミナガの方違えにつっこみをいれておいてなんだが、今回の安保法制が導く方角は、かなり不吉な予感がする。

りんごアップルジュースと憲法

ゼミ生Aの報告によれば、とある自動販売機に「りんごアップルジュース」というラベルの飲み物があったという。これを見たAは、「アップルジュースがりんごなのは当たり前だが、このジュースはりんごではない」と思ったそうだ。私の調査能力の限界もあり、「りんごアップルジュース」なる飲み物が実在するかは不明だが、確かに、それはりんごを原料とするジュースではなさそうだ。「りんごジュース」でも「アップルジュース」でも、確実にりんごのジュースなのに、それを二重にしただけで、なぜこんなに胡散臭《うさん》くなるのだろうか。

これと似た話が、大学をめぐる都市伝説にもある。某大学のパンフレットには「当大学の教育水準は大学並みです」と書いてあるらしい。この話を聞いた私は、「大学の教育水準が大学並みなのは当たり前だが、その大学は確実に大学ではない」と思った。

Aや私がなぜそう思ったのか、と考えてみると、ちょっと奇妙である。否定を重ねる（二重否定）と意味が裏返り肯定になるのは、日本語のみならず、たいていの言語に共通している。「彼はかっこよくなくはない」と言えば、「彼＝かっこいい人」である。しかし、二重肯定は、否定になるわけではない。というか、二重肯定の文章は、単なる繰り返しであって、強調に過ぎないはずである。「彼はかっこよくてかっこいい」と誰かが発言したとすれば、あまりのかっこよさに、ちょっと冗長になったのかなあ、と思うだけだろう。

しかし、りんごアップルジュースはりんごのジュースではなく、大学並みの教育水準を自称する大学は大学ではない、と我々は感じる。このような論理に反する事態が、なぜ生じてしまうのだろうか。

ポイントは、「これはAである」との指摘はその消極的な作用として、「Aではないこと」を包括的に否定する、という点にある。たとえば、「今日は金曜日です」という発言は、今日が水曜日や木曜日や土曜日であることを否定する。「ここはゴルフ禁止です」という注意書きの看板は、「ゴルフをしてよいこと」を否定する。我々は、「それ以外の何か」である可能性を否定するために、言葉を使うのである。

ところで、広く知られるように、こうした「それ以外の何か」である可能性の否定は、潜在的にはその可能性が存在したことを明らかにしてしまう。それ以外の可能性があるからこそ、否定する必要があるのだ。身動きできないほど狭いトイレの個室に「ゴルフ禁止」の張り紙はしない。

つまり、「言葉にする」ことは、他であり得る可能性を認識しつつ、「あえて」他の可能性を否定する作業なのである。

だからこそ、不自然なまでに言葉を重ねると、そこで否定されたはずの「それ以外の何か」を我々は想起してしまう。そして、その過剰な言葉を発する相手が、「それ以外の何か」を隠しているのではないかと疑ってしまう。こうして、「りんご」と「アップル」を重ねると、そのジュースがりんごではない可能性を却《かえ》って強調してしまうのである。

ところで、法文も言語活動であるから、こうした現象はそのまま当てはまる。最近注目を浴びている日本国憲法の条文を読んでみても、「あえて」言葉にしているものがいろいろと見つかる。たとえば前文は、「諸国民の公正と信義に信頼し」と宣言する。外国を無条件に信頼することは難しい。だからこそ、その困難さを十分に認識しつつ、「あえて」それを実現するにはどうすればよいのか、という問いを投げかけるのである。戦争の放棄も同様だろう。外国とトラブルが生じた場合、平和的・理性的に対処するのは時に困難であり、短気に任せて、暴力に訴えたくなることもあろう。だからこそ、国際社会の一員として節度ある態度をとるために、「あえて」平和を宣言するのである。

これに対し、ある種の改憲派の人々は、「諸国民の公正と信義に信頼」などできっこないから、この言葉を削除しようと言う。これは、困難だけれど忍耐強く頑張ろうという理想を捨てるもの、自分たちの能力不足を開き直るようなもので、あまりに情《なさ》けない。憲法典は、自国民の規範であるのみならず、諸外国の人々も目にする公式文書である。国際社会で名誉ある地位を占めたいと思うならば、そんな愚行は言語道断である。

他方で、こうした改憲派の人々は、「国を愛する義務」や「家族が助け合う義務」を憲法に書き加えたりしようと主張する。その上、「私は愛国者です」とまで付け加える。過剰な肯定が、否定になってしまうという「りんごアップルジュース」現象からすると、これはなんとも愚かしい。その胡散臭さは「りんごアップルジュース」を超えて、「りんごアップルジュース（リンゴ味）」並みだろう。

愛国心・家族愛の結果としていかなる言動をとるか、こっぱずかしい言葉だが「愛の形」なんていうものは、人それぞれみんな違う。傍《はた》から見ればわがままに思える行為も、その人なりの「愛の形」かもしれないし、将来それがすばらしい行為だと評価されるかもしれない。他方で、愛ゆえにした行為が、相手にとっては著しく迷惑かもしれないし、将来それが間違った行為だと評価されるかもしれない。

愛に決まった形を与えることはできない。家族愛にしろ、国家愛にしろ、隣人の属性のうち、愛だけは疑わないのが、古《いにしえ》より大人の知恵である。愛国心を条文化したいなどとは、まるで駄々をこねる子どもだ。

平和産業と緊急事態と憲法

はじめに

本論を執筆しているのは、二〇二〇年四月上旬。新型コロナウイルスの感染が拡大する真《ま》っただ中にある。東京都では、小池百合子知事が連日、会見を開いて、外出自粛を訴え掛けている。安倍首相も、ついに緊急事態宣言を出した。諸外国のニュースを見ても、大量の死者数や人工呼吸器・防護服といった物資の不足など、目をそむけたくなるニュースばかりである。五月三日の憲法記念日の状況は見通せない中で、憲法について、あらためて検討したい。

1　平和産業が破壊される緊急事態

三月の初め、老舗ホテルの営業部長の方に話を伺う機会があった。外国人観光客減少の影響はほとんどなかったものの、新型コロナウイルスの影響が見え始めた、という。その際、「ホテル業は平和産業の一つだ」と話していたのが、強く印象に残った。「軍需産業」について考えをめぐらすことはあったが、その対《つい》にある「平和産業」を主題にしたことは、これまでなかったことに、はたと気づいたのだった。確かに、世の中が平和でないと、温泉でゆっくり休む気分にもなれない。

それから一カ月。ウイルス禍は、「多くの産業は平和に依存している」というシンプルな事実を明白にした。政府は、密閉、密集、密接の「三つの密」を避けるように訴え、演劇も絵画展も遊園地も閉じられた。子どものための活動は、真っ先に中止を求められ、学校、学習塾、各種習い事がなくなった。ライブハウスでの集団感染が判明すると、ライブやコンサートが次々と中止になった。人々が外食を避ける一方で、外食産業は、テナント料と人件費に頭を悩ませつつ、休業しようにも休業できないでいる。

その他にも打撃を受けている産業は多くある。卒業式やコンサートなど各種イベントの取りやめで、花の需要が激減したり、宴会の需要が減って、和牛やメロンといった高級食材が余ったりと、一次産業にまで悪影響が出ている。建築業界では、中国からの部品が滞り、便器やユニットバスの納期に間に合わないなどの事態が起きているという。

政治もまた、有事のあおりを受けている。政治を動かすには、単に政治家がいればよいわけではない。市民との交流の場であるパーティー・講演会などができなければ、政治家たちは、政治的課題を吸い上げて、議会に反映できなくなってゆく。憲法記念日に予定されていた集会は、改憲派のものも含め中止となっている。皮肉なことに、「改憲して国防軍を創設しよう」とか「自衛隊の海外での武力行使の可能性を拡大しよう」と声を上げる政治集会もまた、ある意味では平和産業であることが露呈した。

平和産業の活気を取り戻すためには、新型コロナウイルスによってもたらされた緊急事態を乗り越えねばならない。そこであらためて、緊急事態と憲法との関係を考えてみよう。

2 緊急事態における憲法

新型コロナウイルスによって、人々は、生命の危機、経済の危機について大きな不安を抱いている。ただ、危機にさらされているのは、それだけではない。この状況を憲法の観点から見た時、表現の自由が危機に陥っているのではないかと考える。というのも、武漢での惨状が報道された一月以来、新型コロナウイルスについて、落ち着いた議論ができない状況が続いているからだ。私なりに、状況を整理してみよう。

現在の安倍政権は、スキャンダルの少ない政権ではない。森友問題や加計問題、「桜を見る会」の問題など、さまざまな疑惑が取りざたされた。しかし、そのたびに、不自然な答弁や極端な情報隠しをして、うやむやなままに国会の会期切れを利用し、何とか乗り切ってきた。

こうした対応のツケは、「五輪を予定通りに開催できるよう、感染者数を少なくごまかしたくて、ＰＣＲ検査を抑制しているのではないか」とか、「そもそも政府は、新型コロナに関する重要な事実や数字を隠ぺいしているのではないか」といった疑念を抱く人々の増加として回ってきた。

確たる証拠もなく「不適切な意図」や「隠ぺい」を主張するのは、科学的な態度とは言えず、「陰謀論」と言われるのもやむを得ない。しかし、政府の対応やＰＣＲ検査の状況に対する疑問の中には、「誰だってそこに疑問を持つはずだ」というものや、「その部分について、政府は説明不足だ」と評価せざるを得ないものもある。「不適切な意図」や「隠ぺい」を疑う声の全てが、「不合理な陰謀論」というわけではない。

にもかかわらず、ＳＮＳやインターネットの記事を見ていると、政府やそのアドバイザーである専門家に対する批判をすべて「陰謀論」と決めつけ、侮蔑的態度をとる者も多い。「専門家でもないのに、ウイルスについてしゃべるな」とか「陰謀論に付き合っている場合ではない」などといった罵倒《ばとう》を目にした人も多いのではないか。

一般の人々のＳＮＳにこうした雰囲気が醸成される中、二月末に、厚生労働省や内閣府の公式ツイッターアカウントが、特定のテレビ番組や報道機関を名指しして批判するという、驚くべき事態が起きた。

「政府が反論して、何が悪い」と思う人もいるかもしれない。しかし政府には、一般人とは異なり、強力な権限がある。政府が名指しで批判すれば、そこに国民の憎悪が向かうのも当然だ。

それを恐れるメディアは、政府に対する批判的言論ができなくなってしまうだろう。あるいは逆に、政府への不信感をますます強める人もいるだろう。政府機関による名指し批判は、たとえ直接の命令や刑罰でないとしても、表現の自由を萎縮させると同時に、政府に対する不信感も高めることになる。

では、マスメディアが誤った情報を流した場合、政府はどうするべきなのか。確かに、誤った情報は訂正する必要がある。ただ、それに必要なのは、名指し批判ではなく、政府による適切な情報公開や、(分からないことを分からないと正直に認めることも含めた) 誠実な説明のはずだ。名指し批判は、「不要な憎悪」と「表現の自由の萎縮」と「政府への不信」を生むだけで、適切な情報を国民に伝えるという目的には、さして役に立たない。

なぜ、厚労省や内閣府は、ツイッターによる情報発信の方法を間違えてしまったのか。それは、新型コロナウイルスによる危機の中で、政府批判を恐れるあまり、「表現の自由」の価値を軽んじてしまったのだろう。その結果、正しい情報を国民に伝えるという目的は遠のき、国民間の憎悪による分断を招いてしまった。憲法規定を尊重して行動することが、政府に正しい意思決定を促し、政府に対する信頼を高めることにつながる。このことを、政府はあらためて確認する必要があるだろう。

憲法は、表現の自由の他にも、緊急事態において政府が配慮すべき事柄をも、たくさん規定している。例えば、子どもの「教育を受ける権利」(憲法二六条) への配慮は、十分にできているだろうか。感染拡大防止のため、経済活動や社会活動を抑制しなければいけなくなることもある。このとき、「経済活動の自由」と「教育を受ける権利」とは、同程度に配慮されるべきだが、公的に管理しやすく、反対の声も上がりにくい、各種学校の休校要請が、真っ先にターゲットになってしまう。本来であれば、「感染拡大防止のために、学校だけを抑制することに合理性はあるのか、仕事も同時に抑制するべきではないか」といった点や「学校を休校にするにしても、子どもの教育を受ける権利を担保するために、どんな代替措置をとれるか」について、十分な議論がなされるべきだった。

また、冒頭でも指摘したように、業界によっては、深刻な収益悪化が生じている。今後、より強い自粛を求めるなら、補償をおこなう必要も出てくるだろう。このとき、政府には、政府・与党と結び付きの強い業界を優先させる動機が生じる。憲法一四条一項が保障する「法の下の平等」に照らし、業界間の不平等が生じていないかを、しっかりと確認することも必要だろう。

緊急事態への対応は、緊急であるがゆえに、「考慮に入れておかなくてはならないことを考慮し忘れる」という危険が伴う。憲法は、それに歯止めをかけ、国家権力が、「こちらも忘れてはならないのではないか」と気づかせる、「優れたチェックリスト」となるだろう。

3 緊急事態と憲法改正論議

次に、憲法改正論議について考えたい。

自民党は長らく、緊急事態下で内閣や首相に一時的な独裁権を与える憲法改正を主張してきた。二〇一二年の自民党草案には、緊急事態宣言により、内閣が「法律と同一の効力を有する政令を制定することができる」とする条項（同草案九九条）や、地方自治体や国民への「指示」（同草案九九条一項、三項）の規定がある。

この草案内容は、歯止めが弱いにもかかわらず、三権分立や地方自治を排除して独裁を認めるもので、あまりにも強力すぎるという批判を受けた。このため自民党も、よりマイルドな方向になってきてはいる。ただ、「緊急時に、内閣に強力な政令制定権限を与えよう」というアイデア自体は、確固として維持されている。

緊急事態を打開するために、内閣に強大な権限を付与することが本当に有効なら、どういった条件で、どこまでの権限を認めるべきかを議論することも必要かもしれない。しかしながら、今回の新型コロナウイルスの状況を見る限り、内閣の独裁権限は、緊急事態の収拾にあまり資《し》さないだろうことを明らかにしているように思われる。具体的に見てみよう。

二月二七日、安倍首相は、三月末まで全国一斉の学校休校とするよう要請した。しかし、この時点では、感染者が増加している地域もあれば、全く確認されていない地域もあり、「全国一斉」の休校は強すぎるカードだった。結局、三月半ばに、全国一斉の休校要請は解除されることになるが、解除理由は、感染拡大が収まったからではない。むしろ危機は拡大していたが、全国一斉の休校はそれでも強すぎる、という事情によるものだった。ただ、休校要請が解除となれば、市民は解禁ムードになるのも当然だ。感染拡大の危機は高まっているにもかかわらず、休校要請解除直後の三連休には、繁華街などの人通りが増えたのではないかと言われている。

首相による休校要請は、専門家会議などへの十分な相談なしにおこなわれたものだったとされる。首相が感染症やリスクコミュニケーションの専門家に相談していれば、より適切な休校要請がなされた可能性は高い。このことからすれば、緊急事態対応に必要なのは、首相への独裁権付与ではなく、専門家への諮問《しもん》を含めた、慎重な手続であったことが分かるだろう。

この点、「休校自体は良かったのではないか」と評価する人は多い。確かに、休校にすれば子ども同士の接触は減るから、感染予防の効果がゼロだったとは言い難い。しかし、突然の休校要請は、教育現場に大きな混乱を引き起こした。子どもの居場所を確保するため、保護者が休業したり、学童保育所を拡大したりする必要も生じる。教員は、休校分の学習を補足する手段も考えなくてはならない。今回、休校要請にうまく対応できた教育現場や保護者たちは多かったと思うが、それでも、大きな負荷がかかったことだろう。

首相の要請自体は、記者会見などで発表するだけでよく、それほど難しくはない。難しいのは、現場の対応である。緊急時をうまく乗り越えるためには、普段から人員に余裕を持たせたり、緊急時の対応方法をあらかじめ確保しておいたりする必要がある。

大規模自然災害であれば、非常用電源を確保し、人々が安全に過ごす住居と食事、衛生用品などを備蓄しておくことが必要だ。学校が休校になるのであれば、子どもが安全に過ごす場所を確保し、オンライン講義など、教室での一斉授業以外の学習手段を準備しておかねばならない。

私は、以前より、自民党草案の緊急事態条項について、内閣に緊急時の独裁権限を与える条項をつくるよりも、災害対応に当たる自治体のために特別の基金や予算確保を国に義務付ける条項をつくったり、病院などに緊急電源を配備するなどの、日頃の備えを十分にしたりする方が、はるかに重要だと指摘してきた。今回の事態は、こうした点に加えて、政府・政治家と専門家が十分なコミュニケーションをとること、適切に情報公開すること、子どもの権利など、軽んじられがちな権利についても十分に配慮することの必要性を示している。弊害ばかりであまり役に立ちそうにない内閣独裁権を中心とした憲法改正論議はそろそろやめて、本当に必要な緊急時の備えについて、真剣に考えるべきだろう。

おわりに

緊急事態においては、誰もが恐怖により混乱し、不合理な判断や見落としをしてしまう危険がある。政府への不信を抱く人がいる一方で、政府不信をあおると社会が混乱してしまうのではないかと、「政府批判への不安」が爆発してしまう人もいる。これが、表現の自由が圧迫される環境をつくり出す。また不安は、「文化や教育などどうでもよい」という感覚や、「自分が一番、困っているのだから、他の産業よりも優先されるべきだ」という感覚にも結び付く。

しかし、緊急事態を克服し、平和産業を復活させるには、自由を最大限尊重し、法の下の平等にかなう、合理的な対応を積み重ねるしかない。

憲法には、人類が失敗から学んだ知恵が詰まっており、非常時にあっても十分に配慮すべき、人々の権利をリストアップしてくれている。重大な局面であるからこそ、憲法に則った政策決定ができているかを、念入りに確認していく必要があろう。それこそが、未曾有《みぞう》の事態の収拾に役立つはずだ。

憲法と家族と相続税

はじめに

近年、家族法分野で、合憲性が問われる場面が増えている。

最高裁判例を見ても、平成二五年には、非嫡出子の法定相続分差別が平等権（憲法一四条一項）侵害として違憲無効と判断された（最大判平成二五年九月四日民集六七巻六号一三二〇頁）。平成二七年には、女性の再婚禁止を半年としていた規定（旧民法七三三条一項）のうち、一〇〇日を超える部分が違憲無効だとする最高裁判例（平成二七年一二月一六日民集六九巻八号二四二七頁）が出された。また、同日の夫婦同氏違憲訴訟上告審判決（最大判平成二七年一二月一六日民集六九巻八号二五八六頁）では、婚姻の際に氏の統一を要求する民法七五〇条は女性差別ではない、として合憲とされた。この規定については、その後も、女性差別とは別の観点から、違憲訴訟が複数提起されている。さらに、平成三一年二月には、同性婚を求める訴訟も提起されている。
このように、憲法と家族との関係が問われる今、「憲法は、家族をどう規定しているのか」について整理してみたい。

1 家族とは？ 憲法とは？

憲法のことは、小学校の公民で習う。家族という言葉は、日常でもよく使う。「憲法」や「家族」は、「行政事件訴訟法」や「ツンフト」といった言葉に比べれば、はるかに身近だろう。「憲法と家族との関係はどのようなものか？」と書きはじめれば、適切に問題提起できたようにも感じるかもしれない。

しかし、話はそう簡単ではない。まず、問題となるのは、「家族」の定義である。これが分かっていなければ、この後の議論はできない。

「家族」とは、ある種の人間関係、ないしその関係にある複数の人々の集まりを指す言葉だ。どのような人間関係を家族と捉えるかは、文脈によっても、人によっても異なる。「社員はみんな家族です」といったスローガンを目にすることもあれば、「私にとって、ペットは大事な家族です」と言う人もいる。

とはいえ、大まかには、「家族」は、「親密な共同生活を行う関係にある人々」と言えるだろう。共同生活関係は、親子などの血縁関係をきっかけに形成されることもあるし、夫婦や養子などのように合意に基づき成立することもある。「憲法と家族との関係」とは、「家族という人間関係」に、憲法が及ぼす影響に関する議論だと整理できるだろう。

では、「憲法」の方はどうだろうか。憲法は、「国会に立法権を授ける」とか「行政も司法も、このような国民の権利を侵害してはいけない」といった、国家権力の在り方を定める法である。したがって、憲法には、直接、国民に対して、「こういう家族を作れ」とか「ああいう家族はだめだ」などと、何かを要求する規定があるわけではない。憲法が家族に対しできることがあるとすれば、「国家は、国民が家族を作るのを妨害してはならない」と自由を保障したり、「国家は立法により、家族のためのこういう内容の制度を作るべきだ」と規定したりすることである。

このように、憲法の家族への影響は、直接的ではなく、国家権力を通じた間接的なものになる。以上の一般論を踏まえて、日本国憲法の家族に関する規定を整理してみたい。

2　人間関係形成の自由

日本国憲法は、一九条以下に、思想・良心の自由（一九条）、表現の自由（二一条一項）、職業選択の自由（二二条一項）など、「〇〇の自由」という具体的な自由権の規定を置く他に、憲法一三条で、次のように定めている。

【憲法一三条】

すべて国民は、個人として尊重される。生命、自由及び幸福追求に対する国民の権利については、公共の福祉に反しない限り、立法その他の国政の上で、最大の尊重を必要とする。

この規定は、国民の自由を最大限尊重すべきことを定めている。標準的な憲法解釈によれば、具体的な規定のないあらゆる「自由」、例えば、テレビゲームをする自由などは、憲法一三条によって保護されると考えられている。さらに、自由かつ独立した人格として尊重されるために必要な自由は、他の自由に比べて「特に強く」保護している、と言われる。

ここで「特に強く」とは、こういうことである。憲法が保障する諸々の自由権は、絶対的に保護されるわけではない。一定の基準をクリアすれば、国家権力が憲法上の自由を制限することも認められる。例えば、名誉棄損や脅迫は、人にメッセージを伝える表現行為の一種だが、刑罰や損害賠償請求で規制することを、憲法は認めている。あるいは、職業選択の自由はあるが、「怪盗」や「殺し屋」のような職業になることを是認するわけではない。

ただし、表現の自由のような重要な自由は「特に強く」保護され、制限を認めるためにクリアしなければならない基準は厳しくなる。一般には、「正しい目的のために役に立つならば規制が許される」というのが弱い基準で、「重要な目的を達成するために、他の手段がない場合でなければ、規制はゆるされない」というのが厳しい基準である。

さて、近年の憲法学説では、憲法一三条が保護する「自由」の中には、「人間関係形成の自由」が含まれ、この自由は特に強く保護される、と言われている。誰とどのような人間関係を取り結ぶかで、我々の生活は大きく変わるから、人間関係形成の自由は、自由かつ独立した人格として尊重されるために必要不可欠であり、「特に強く」保護されるべき自由であるとの議論には、説得力がある。

自由な人間関係は、一方が強制的に取り結ぶのではなく、関係を結びたい人同士が、互いに合意して作られるものである。だから、人間関係形成の自由は、一人ではなく、複数人が合意の上で行使する自由であるという点に、特徴がある。

3　現行法における家族形成の自由

憲法一三条は、人間関係形成の自由を保障する。家族は、人間関係の一種であるから、国民には、「誰を家族として生きるかを決定する自由」が憲法一三条によって保障されると言えよう。憲法一三条の保障する人間関係は、あらゆる人間関係を含み、一夫一妻の異性婚家族には限定されないから、国民は、一夫一妻制の異性婚関係のほか、同性婚でも、多夫多妻関係でも、自由に共同生活関係を形成してよい。これが憲法一三条の帰結である。

この点、現在の法律では、重婚は禁止されており（刑法一八四条）、同性婚や多夫多妻婚の婚姻届は受理されない。これは、人間関係形成の自由の侵害ではないのか、という疑問を持つ人もいるだろう。

しかし、憲法が保護する人間関係形成の自由とは、あくまで、合意によって成立する関係を保護するものである。現行法の法律婚は、「お互いに他の者と婚姻したり、性関係を結んだりしない」という約束を含む合意であるから、法律婚をした人の重婚を禁じることは、人間関係形成の自由の侵害になるわけではない。

また、同性婚や多夫多妻婚には、法律婚としての効果は与えられないとはいえ、同性カップルが、同居して共同生活をすることは、合意の上であれば全く違法でない。実際、日本でも、昔から多くの同性カップルが、同居し、愛情に基づく共同生活を送ってきた。多夫多妻についても、当事者の合意があるのであれば、それが公序良俗違反となるような事情でもない限り、禁止されるものではない。さらに、当然のことではあるが、動物や植物を「家族の一員」にして生活することも、禁じられない。

要するに、現行法は、国民が家族を形成することを幅広く認めている。

4　憲法上の自由と家族

宗教的な禁忌や強い人種差別のある時代・場所では、同性愛行為が罰せられたり、異なる人種間の同居が禁じられたりすることもある。これに対し、日本の現行法は、今見たように、家族形成について広く自由を認めており、誰と誰が家族として生活しようが自由である。裁判所や国は、幾つかの訴訟で、この点を強調している。二つの例を挙げよう。

まず、夫婦別姓訴訟について見てみよう。現行民法七五〇条は、「夫婦は、婚姻の際に定めるところに従い、夫又は妻の氏を称する」と定めている。この規定があるため、別姓のままでは法律婚ができない。

過去に、別姓での法律婚を求める女性が、国家賠償を請求する訴訟を提起したことがある。原告の女性は、現行民法の規定は、「氏変更を強制されない自由」（憲法一三条）の侵害であると主張した。これに対し、最高裁（最大判平成二七年一二月一六日民集六九巻八号二五八六頁）は、次のように述べる。


本件で問題となっているのは婚姻という身分関係の変動を自らの意思で選択することに伴って夫婦の一方が氏を改めるという場面であって、自らの意思に関わりなく氏を改めることが強制されるというものではない。

……以上のような現行の法制度の下における氏の性質等に鑑みると、婚姻の際に「氏の変更を強制されない自由」が憲法上の権利として保障される人格権の一内容であるとはいえない。本件規定は憲法一三条に違反するものではない。


つまり、法律婚をする者は氏の統一を自ら選択しているのであり、国家の強制で氏を変えるわけではない。婚姻届には「同姓にしたい」という意思表示が含まれており、国は、その届け出に従って戸籍の表記を変えるのみである。婚姻によって氏が変わるのが嫌であれば、婚姻届を出さなければよく、国は氏の変更を強制していない。このため、憲法違反はない。この判決に見られるように、裁判所は、民法の婚姻規定を自由の制限規定だとは捉えていない。

同性婚の問題についても、同様の議論がある。二〇一九年二月一四日、日本各地の裁判所で同性カップルが、同性婚を認めていない民法の違憲性を訴える訴訟を提起した。この訴訟では、同性婚制度を立法しなかったことについて、国家賠償請求を求めた。未だ裁判所の判断は出ていない段階だが、国の側は、次のような反論をしている。

原告らは、異性カップルのみに付与し同性カップルに付与しないとする理由は存しないとして、婚姻に伴う種々の権利利益を挙げる……。

しかしながら、同居・協力・扶助義務（民法七五二条）、財産共有推定（民法七六二条二項）及び財産分与（民法七六八条）については、契約により同様の法的効果を生じさせることが可能である。また、当事者の一方の死後、その財産を当事者の他方に帰属させることは、契約のほか、遺贈（民法九六四条）によっても可能であり、殊に包括受遺者となった場合は相続人と同一の権利義務を有することとなる。

このように、原告らのいう権利利益が婚姻に伴う効果として同性カップルに付与されないとしても、そのことが本件規定による取扱いの不合理性を基礎づけるとは認められない。

なお、そのほか、原告らが訴状において主張する法的・経済的な権利・利益及び事実上の利益……は、いかなる範囲の者を優遇措置や支給などの対象とするかという社会保障政策等の当否の問題や私人間の契約の問題であり、民法上の婚姻の効力の問題とはいえないから、やはり本件規定［同性間の婚姻を認めていない民法及び戸籍法の規定――引用者注］による取扱いの不合理性を基礎づける事情とは認められない。（札幌訴訟同性婚訴訟（札幌地方裁判所平成三一年（ワ）第二六七号）被告第二準備書面二四―二五頁）

確かに、民法は同性間の法律婚を認めていないが、同性カップルの共同生活を禁じているわけではなく、同性カップルが求める法的効果は「契約により同様の法的効果を生じさせることが可能」だというのが、国の主張である。

二つの訴訟において、裁判所や国は、別姓選択カップルや同性カップルの家族形成の自由は、現行法によって侵害されていない、と主張しているわけである。こうなると、憲法一三条を根拠に、現在の婚姻制度の違憲性を示すのは困難であろう。

5　何が問題なのか？

では、現在の婚姻制度に、何ら憲法上の問題がないのか。確かに、「自由」保障の観点から見たとき、現行法は、多様な家族形成を「規制」しているわけではなく、憲法上の問題はほとんど生じないと評価できる。しかし、憲法が保障している権利は、自由権だけではない。家族に関する法制度については、「平等」という観点からも検討が必要である。

「平等」保障の観点から見たとき、夫婦別姓問題は、「同姓を選択すると法律婚ができるが、別姓を選択すると法律婚ができない」という問題として浮かび上がる。また、同性婚問題は、「異性カップルと同性カップルとの間の、法律婚ができるか否かの不平等」の問題として浮かび上がる。現在の法律では、一対一の異性カップル、かつ、同姓を選択したカップルしか、法律婚の効果を享受できない。そうだとすれば、家族に関する法律で争点とすべき憲法問題は、憲法一三条に基づく「家族形成の自由」ではなく、憲法一四条に基づく「法律婚効果の不平等」ということになるのではないか。

6　憲法二四条と家族

では、憲法は、平等についてどう規定しているだろうか。憲法二四条は、家庭生活における男女の平等について、次のように規定している。

【憲法二四条】

婚姻は、両性の合意のみに基いて成立し、夫婦が同等の権利を有することを基本として、相互の協力により、維持されなければならない。
配偶者の選択、財産権、相続、住居の選定、離婚並びに婚姻及び家族に関するその他の事項に関しては、法律は、個人の尊厳と両性の本質的平等に立脚して、制定されなければならない。

まず、この規定の制定経緯を確認しよう。旧憲法には、家庭内で個人を尊重したり、男女の平等を保障したりする条文は存在しなかった。明治三一年に制定された旧民法でも、婚姻法制は、「家」制度の下、個人や男女平等への配慮の稀薄な内容となっていた。具体的には、旧民法七五〇条は「家族カ婚姻又ハ養子縁組ヲ為スニハ戸主ノ同意ヲ得ルコトヲ要ス」として、婚姻に「戸主」の同意を要求していた。さらに、同七七二条は「子カ婚姻ヲ為スニハ其家ニ在ル父母ノ同意ヲ得ルコトヲ要ス但男カ満三十年女カ満二十五年ニ達シタル後ハ此限ニ在ラス」と規定し、一定年齢までは父母の同意も要求していた。

こうした規定の下では、婚姻当事者の意思は、しばしばないがしろにされた。また、女性の意思が尊重されずに、両親や夫となる男性の一方的意思で婚姻の相手が決められたりする場合もあったとされる。

ＧＨＱ案作成に関わったベアテ・シロタ氏はこうした状況を憂い、男女両当事者の婚姻意思を尊重する条文を起草した。もともと、シロタ氏の起草した条文は、かなりの長文だったが、ＧＨＱ内での議論を経て、「家族ハ人類社会ノ基底ニシテ其ノ伝統ハ善カレ悪シカレ国民ニ滲透ス婚姻ハ男女両性ノ法律上及社会上ノ争フ可カラサル平等ノ上ニ存シ両親ノ強要ノ代リニ相互同意ノ上ニ基礎ツケラレ且男性支配ノ代リニ協力ニ依リ維持セラルヘシ此等ノ原則ニ反スル諸法律ハ廃止セラレ配偶ノ選択、財産権、相続、住所ノ選定、離婚並ニ婚姻及家族ニ関スル其ノ他ノ事項ヲ個人ノ威厳及両性ノ本質ニ立脚スル他ノ法律ヲ以テ之ニ代フヘシ」（当時の日本政府訳）という形になった。

この条文では、婚姻が「両親ノ強要」ではなく、「相互同意」の上に成り立つものとされる。さらに、「男性支配」を排し、「男女両性ノ」「平等」が実現されねばならないとする。日本側もこの提案を受け入れた。ただ、日本の法律家は、条文がシンプルであることを好む傾向があり、GHQ案の条文はさらに圧縮され、日本政府案では、「婚姻は、両性の合意のみに基いて成立」するという表現が採用された。

この条文は、同性婚を禁じたものと誤って解説されることがある。しかし、制定経緯を見れば、「両当事者の合意」があれば、それだけで婚姻が成り立つことを示した条文であることは明らかである。「両当事者」ではなく「両性」という表現が採用されたのは、男性・女性双方、特に女性の意思が尊重されねばならないことを示すためである。

このように、憲法二四条は、家庭内で女性の立場がないがしろにされる傾向を踏まえ、男女の平等を規定した。女性の同意なしに婚姻を成立させる制度や、男性の側にのみ一方的な離婚請求権を与える制度は、この条文により禁じられる。

7　憲法一四条と家族

もっとも、憲法二四条は、家族に関する立法や行政は、男女平等の理念に適うものでなければならないと規定するのみで、「異性カップルと同性カップルの不平等」や「同姓選択カップルと別姓選択カップルの不平等」については、何も述べていない。

したがって、こうした不平等については、平等権の一般条項である憲法一四条一項に立ち戻って考えることになる。憲法一四条一項は次のように規定している

【憲法一四条一項】

すべて国民は、法の下に平等であつて、人種、信条、性別、社会的身分又は門地により、政治的、経済的又は社会的関係において、差別されない。

この規定は、立法や行政に対して、全ての国民を一律に等しく扱うことを求めたものではなく、不合理な区別を禁止した規定とされる。不合理な区別とは、①目的自体が不当な区別、および、②目的は正しくても、その目的を達成するために役に立たない区別を指す。

親密な共同生活を営んでいる点で、同姓選択の異性カップルと、それ以外のカップルやグループとの間に違いはない。そうだとすれば、法律婚の利用を同姓選択の異性カップルに限定する区

別は、そもそも、正当な目的を想定することができず、不合理なのではないか。これは深刻な憲法問題であり、現在も、この点を問う訴訟が複数進行している。

8　相続税法の平等

このように、憲法と家族との関係を検討していくと、現行法には、「自由」ではなく、「平等」の点で、大きな問題があるということが分かる。

ただし、「平等」の問題から考えても、法律婚をできないことによって生じる不利益が特に無いならば、憲法上の問題は無いことになる。先ほど紹介した、同性婚訴訟における被告国の反論は、契約や遺言の自由が保障されることによって、同性カップルも法律婚と同様の効果が得られる、というものだった。

確かに、法律婚の効果の中には、法律婚をしなくても享受できるものが多くある。しかし、法律婚は、決まった様式の婚姻届を提出しさえすれば成立するのに対し、個別の契約や遺言を成立させるには、法律専門家への相談や公証人の利用など、大きなコストが必要となる。異性カップルは容易に婚姻の効果にアクセスできるのに対し、同性カップルはそうでないという区別は存在するだろう。

さらに、法律婚の効果の中には、相続における配偶者居住権（民法一〇二八条）、実子・養子を育てる場合の共同親権の設定（民法八一八条三項）、配偶者遺留分の設定（民法一〇四二条）など、個別の契約や遺言では得難い効果もある。戸籍等による公証にも、大きな意味がある。戸籍は、夫婦を単位として作成される（戸籍法六条）。住民票にも、世帯主と世帯主との続柄の表記があり（住民基本台帳法七条四号）、法律上の夫婦関係が表示される。法律婚には、当事者が共同生活を営んでいることを公示する機能がある。

さらに、現実的に見て大きな影響があるのが、税制上の優遇規定である。カップル間の所得格差が大きい場合には、配偶者控除を受けられるか否かで、納税額に大きな違いが出ることもある。また、配偶者からの相続については、大きな税額控除を定めている。租税法は、強い明確性が要求されるから、条文が「配偶者」と書いている場合に、この文言を拡張したり類推したりする解釈は困難で、別姓選択カップルや同性カップルは、この効果を享受できない。例えば、共同生活を営む同性カップルの一方が亡くなったとき、共同名義あるいは亡くなったパートナーの名義の家から引っ越さなくてはならなくなるという事態が生じやすい。

実際上の不都合を考えてみると、税法上の優遇措置に関する不平等は、最も深刻な不平等の一つだと思われる。

おわりに

本論で見たように、家族と憲法というテーマについては、「自由」という観点からのアプローチと、「平等」という観点からのアプローチがある。現行法は、家族形成の自由を非常に広く認めている一方、法律婚の効果の享受という点で、大きな不平等を設けている。

そして、その不平等の中には、租税法に関わるものも含まれている。家族と憲法の問題は、租税法の専門家である税理士の方々にとっても重要な問題であり、ぜひ関心を持っていただきたい。

民主主義のために

民主主義は、いろいろな意味で使われる言葉だ。

政治学の伝統では、民衆が、徒党を組むことなく、平等な資格を持つ者として連帯し、誰もがアクセスできる透明なプロセスの中で、公にされた場所で討論し、決定根拠を明確にして行う政治決定を指す。ここでは、徒党による社会的圧力は排除されねばならないし、自由な意見表明や最大限の情報公開が求められる。

しかし、民主主義は、近時、「多数決で勝った徒党は何をやってもよい」とか「選挙の勝者は敗者をいくらでも弾圧できる」という意味で使われることも多い。私の目には、それは「民主主義」というより「侵略」に見える。しかし、「侵略」との混同を大目に見るくらいには、日常用語の「民主主義」は多義的だ。

建設的な議論には、その基礎となる言葉の定義が明確でなければならない。「民主主義」という言葉も、できる限り定義を明確にして使わなければ、「議論したつもり」になるだけで何も生まない。本章は、このような問題意識で書かれている。

国民投票・住民投票の条件

はじめに

　要約しよう。人を支配したいと望まずにいられない人は、まさにその事実によって、最も人を支配するのに向かない人なのだ。これはよく知られた事実である。要約を要約しよう。自らを大統領にする能力のある人には、決して、大統領の仕事をさせてはならない。要約の要約を要約しよう。問題は人である。

——Douglas Adams, *THE RESTAURANT AT THE END OF THE UNIVERSE*, Chapter 28

民主制は、三段階のプロセス、すなわち「討議」・「票決」・「服従」からなる。「お願いします」、

「これが投票箱です」、「従え」の三段階と言い換えてもいいだろう。

まず、「討議」段階の特徴は、不透明さと緊張感にある。誰がどう投票するかも、誰がどんな影響力を持っているかもよく分からないのだ。そんな不透明な中で、広く同意を得ようとすれば、ひたすら頭を下げ、投票対象の価値を説くしかない。もし、自分が同意を求める側だったら、緊張感に押しつぶされそうになることだろう。この緊張感に耐えうる信念の強さ、ないし鈍感さは、政治家に必要不可欠の能力である。

これに続く「票決」段階の特徴は、それまでの苦労がウソのように、アッという間に終わるところにある。数年かけて審議される法案はザラであるが、票決そのものに数年をかける議会は、地球上に存在しない（と思われる）。民主主義を一言で言うなら、こうであろう。討論千日勝負一瞬。

さらに続く「服従」段階の特徴は、高圧的な命令口調にある。それまで平身低頭で協力を求めていた為政者が、突如として、上から押さえつけにかかるのである。「お願いします」段階から、一瞬で、「従え」段階へと移るダイナミックさが、民主制の醍醐味である。

この「従え」段階を描写した傑作として、ダグラス・アダムス『銀河ヒッチハイクガイド』が挙げられる。(1) この作品は、ある日突然、地球にヴォゴン人の宇宙船団が襲来するところから始まる。目的は、超空間高速道路の建設である。工事を請け負ったヴォゴン人は、宇宙船から地球の人々にこう呼びかける。

ご存じと思いますが、銀河外縁部開発計画は、皆様の星系上に超空間高速道路の建設を予定しております。そして、誠に残念ではありますが、皆様の惑星は、取り壊し予定の惑星の一つです。作業は、地球時間にして二分弱で済みます。

寝耳に水の知らせにパニックに陥った人類は、猛抗議をする。それに対し、ヴォゴン人は、こう応える。

これを唐突だと言われるいわれはありません。全ての計画工程表と破壊命令は、アルファ・ケンタウリの地域計画課に五〇地球年間も掲示してありました。皆様は、正式な不服申立を提起する時間を十分にお持ちだったはずです。この計画に抗議をするのは、今となってはあまりにも遅すぎます。

こうして地球は跡形もなく破壊されるわけである。

民主制は、「全ての国民が決定に参加する制度である」と権利付与の側面が強調され、国民にとってよい制度だと漠然と思われている。しかし、「服従」段階で明らかになるように、民主制とは、国民を支配する制度である。このことは、国民・住民の「投票」という制度を考える上で重要である。

投票結果は、団体の意思と看做《みな》され、少数派を含め全員を拘束する。だとすれば、「投票」とは、支配への意思表明であり、国民投票や住民投票への参加は、支配・強制への参加なのである。そして、「人を支配しようとする人は、まさに、人を支配しようとしているという事実それ自体によって、警戒されなければならない」のは、「投票」についてもあてはまる。国民投票や住民投票は支配の手段であるがゆえに、それを無条件に賞賛するのはとても危険なのである。

しかし他方で、国民投票や住民投票は、有権者の意思を直接決定に反映できる魅力的な制度である。その危険性を制御しつつ、これをどのように活用していくべきか。これが本論の主題である。

1 「投票」結果は同意ではない

どうやら、ＢＳ派の連中は、ゲリラ戦に出るらしい。武田君が入手した資料によると、我々二年Ｄ組が舞台に上がった瞬間、放送室を占拠し、ビューティフルサンデーのカラオケを流す計画になっている。ＢＳ派の連中は、他のクラスのメンバーが一生懸命練習してきた「渡良瀬川に昇る月」を無視して、声を張り上げてビューティフルサンデーを歌うようだ。

無茶苦茶もいいところだ。クラス全員で歌うから「合」唱なのに。

――巻真紀『木曜日に妄想を求めて』（漏電出版）四五頁[2]

反対者をも従わせる統一された決定が必要なときには、抽選や君主の決断など、何らかの手続が必要になる。ここでしばしば「投票」が用いられる。ではなぜ、国民や住民の「投票」は、人を拘束してよいのだろうか。

すぐに思いつく解答は、「投票」は、国民や住民の意思そのものであり、国民や住民が同意したのだから、その意思に拘束されるのだというものである。本人の同意は、拘束を正当化する最強の理由であり、この説明が成り立つなら話は早い。

しかし、もちろん話はそれほど単純ではない。賛成が仮に多数を占めたとしても、個々のメンバーは、賛成・反対・それ以外に分かれており、同意の論理が有効なのは、結果に賛成した人に対してのみである。

私には、このことを思い知らされた思い出がある。私の中学校では、日本全国の中学校と同様、合唱祭が盛んであった（盛んだったのは合唱ではなく、合唱祭である）。二年生の秋、私のクラスでは、ビューティフルサンデー派（以下、ＢＳ派）の強固な運動により曲決め学級会は難航し、最後には投票により三〇対一四でＢＳ派が敗北した。

翌日から朝練が始まったが、ＢＳ派の抵抗は激化する。練習をボイコットしてくれればまだよいのだが、わざわざ全体練習に参加してきて、指揮に併《あわ》せて、ビューティフルサンデーを熱唱する。「投票で決めたじゃないか」と説得すると、「私たちは明確に反対の意思を示した。それは、みんな知っているだろう」と反論。要するに、BS派の連中は、「投票」を同意ではなく、反対の意思表明機会だと思っていたのである。[3]

……。話を元に戻すと、要するに、「投票」結果は、国民や住民の同意ではない。したがって、「お前同意しただろう」とか、「多数がこれを望むのだから、全員がこれを望んだのと一緒だ」といった理由で、「投票」結果への服従を求めるのは適切でない。

では、「投票」が人を拘束してよい理由を、どうやって説明すべきだろうか。

2 「投票」に従うべき理由

「つまり、矢部野町ラジオの当確情報は、事前の世論調査や出口調査ではなく、職員の多数決をもとに作成しているわけです」。町長は身を乗り出した。

「そもそも、この高い山に囲まれた盆地の町には、個性的な候補者があまりにも多い上に、有権者も一筋縄ではいかない連中ばかりなんです。どう見ても泡沫候補だった人が、何かをきっかけにものすごい輝きを放つなんてことが珍しくない。選挙運動のない投票日の昼間から、それまでと全然違う候補に票が集まるなんてことも多い。そんなわけで、世論調査も出口調査も歯が立ちません。ところが、この町のことを熟知している職員連中に、何となく湿っぽい、鼻がムズムズする、空が黄色く見える、といった感覚をもとに投票してもらうと、本当によくあたるんですよ」——三輪美和『矢部野町の埋蔵金』(漏電出版) 一九頁

「投票」結果に従うべき理由には有名な議論がいくつかあるが、そのうち最も重要なのは、内容として正しいことが多い、という議論だろう。

人間が個人として持ち得る知識や情報には限界があり、一人の人間に決定を委ねるのは危険だ。多数決ならば、個々の判断に多少勘違いがあっても、他の多くの人が誤りを打ち消してくれる。例えば、日本人に、「アメリカ合衆国の首都はどこでしょう?」というクイズを出したとき、「ニューヨーク」とか「ロンドン」と答える人もいるかもしれないが、国民投票をすれば、おそらく「ワシントン」が最多になるだろう。

政治決定は、「何が一番、公共の利益にかなっているか」という問題への解答である。この問題は、橋の長さや声の大きさのように、定規や機械を使えば明確な答えが出るというものではない。とはいえ、国民や住民の大半は、何が公共の利益にかなうかを判断する能力を持っているはずだ。(4) だとすると、その多数決は、一部の人のミスを残りの人が打ち消してくれるから、公益的な決定を発見するために非常に有効な手段である。これが、多数決が服従を求めることができる第一の理由である。(5)

もっとも、「内容が正しいのだから従え」というセリフで押し切るのであれば、「投票」による

支配は、暴君の独裁と変わらない。「投票」に服従すべき理由は、内容が正しい可能性が高いから、という点に加え、結果的に少数派になった人を含め、全員を尊重した手続だった、というところにもある。

冒頭に述べたように、「投票」の前には「討議」の段階がある。ここでは、決定を得ようとする者は、十分な説明を実施し、それぞれの意見をできるだけ尊重しようと試みる。意見表明の機会や交渉資格が与えられた人々は、他の決定方式に比べ「投票」結果を受け入れやすくなる。

このように、国民や住民の「投票」は、正解を選ぶ可能性が高く、また、少数派も十分に尊重した手続であるがゆえに、少数派に対しても、服従を要求できるのである。

3 「投票」の前提

日本人と（ベートーヴェンの）第九の関係を語る上で、日本人の「年末」観を見落としてはならない。

年末演奏会批判派は、こう主張する。欧州では、第九は、東西ドイツ統一のように「特別な」出来事に際して演奏される「特別な」曲だ。これに比べ、日本人の年末第九演奏会ラッシュは、第九をあまりにも軽々しく扱うもので我慢ならない。

しかし、これは一面的というものだ。この批判派の主張は、日本人の「年末」が、どうでもよい軽いイベントだという前提に依拠する。この前提は、正しいと言えるだろうか。もし、日本人の「年末」が、欧州人にとっての東西ドイツ統一に匹敵する「特別な」出来事だとすれば、年末の演奏会ラッシュは、第九の意義を十分に理解した活動と理解できよう。

判断は、正確な前提に依拠して行わなければならない。

——富永一夫『読む散歩』（漏電出版）三三頁

今見た議論の含意は、「投票」がその機能を果たすためには、多くの有権者が冷静な判断をし、全ての人が尊重されたと感じられる環境を整えることが必要だということである。

第一に、投票のタイミングは慎重に決めるべきである。例えば、深刻な原発事故の直後に、原発の是非を問う国民投票をやり、脱原発が選択されたとしても、投票結果には、正確な知識・情報を無視した感情的な決定なのではないか、という批判が浴びせられる。偶然的事情で生じた感情の高ぶりやパニックの下で投票がなされないようにする工夫が必要だろう。

第二に、判断の前提となる多様で良質な情報を流通させる仕組みが必要である。そのためには、マスメディアの報道の自由や、個人の表現の自由を保障して、「投票」テーマに関する情報の発信・受領が十分になされるべきであろう。

第三に、人々の関心を高める工夫が必要である。その一例が、ブルース・アッカーマンの提唱する「熟議の日」というアイデアである。(6) これは、特別の休日を設定するなどして、政治に対する関心を高め議論する時間を確保しようというものである。日本でも、選挙運動が集中的に行われる「選挙期間」や「憲法記念日」・「終戦記念日」など、普段は意識しない問題について特別に考える時間を設定し、メディアや国民の関心を高める工夫が採用されている。

第四に、情報を整理検討するための、十分な熟慮期間が必要である。例えば、提案から投票までは最低半年の期間を取るという熟慮期間の設定や、最初の投票から数カ月時間を置いて、再度可決された場合にのみ有効とするといった二回投票制が、冷静な判断を確保する上で有意義である。

第五に、投票価値の均衡も、非常に重要な要素である。一人のミスをみんなで打ち消し合うのが「投票」制度の意義である。一部の人の投票価値を重みづけすれば、その人のミスにみんながひっぱられてしまう危険が大きくなる。また、一部の人の投票価値が高い制度では、それ以外の人が尊重されていないという感覚を持ってしまうだろう。

このように、「投票」が有効に機能するためには、様々な前提を確保する必要がある。

4　憲法九条改正論

「剣崎人事部長!!　加藤さんを、何だって北米営業課長に配属したのですか?」

「加藤君のＴＯＥＩＣが五〇〇点なのは僕も知っている。だけど、上司の国平さんの英語は信頼できるから大丈夫だよ。報告書の英文が間違っていても、ちゃんと却下してくれるから。それとも、国平さんの英語力、信頼できないの？」

「いや、ですから、国平さんの英語力が信頼できることは加藤さんを配属してよい理由にはならないでしょう！」――三輪美和『天空のサラリーマン』（漏電出版）七三頁

最近、直接民主制的な国民や住民の「投票」をもっと活用すべきだと主張されることが多い。特に有名なのは憲法九六条改憲論である。九六条というのは、次のような条文である。

【憲法九六条】

この憲法の改正は、各議院の総議員の三分の二以上の賛成で、国会が、これを発議し、国民に提案してその承認を経なければならない。この承認には、特別の国民投票又は国会の定める選挙の際行はれる投票において、その過半数の賛成を必要とする。

2　憲法改正について前項の承認を経たときは、天皇は、国民の名で、この憲法と一体を成すものとして、直ちにこれを公布する。（傍点部筆者）

憲法九六条改憲派の代表的論者の安倍晋三氏は、国民が改憲を望んでいるときに、「三分の一をチョット超える国会議員が反対したからといって、改憲を発議できないのはおかしい」と主張

している（衆議院予算委員会平成二五年四月九日）。

九六条改憲論の主張は、概ね四つに分類できる。第一は「諸外国の改正手続より厳しい」、第二は「現行憲法の制定過程に問題がある」、第三は「国民は信頼できる（からヘンな改憲案が出るようになっても大丈夫）」、そして第四は「『国民』が改憲を望んでいるときに、三分の一の議員の意思が障害になってはならない」というものである。安倍氏のものは、第四類型に属する。

このうち、第一の主張は意味がない。そもそも、改正手続の厳しさを厳密な意味で比較するのは極めて困難だし、また、「外国と違う」からといって外国に合わせるべきだとは限らない。例えば、主食におけるパンの比率が外国に比べて低いからといって、パンの消費量を増やすべきだとは誰も考えないだろう。外国との比較は、外国と同様の方向に改めるべきことが明らかになった場合の参考資料として用いるべきであり、そもそも、外国と同様の方向に進めるべきかどうかを検討する際の根拠にはならない。

第二の主張は、制定経緯をどう思うかは、憲法の内容と何ら関係がなく、全く改憲の理由づけにならない。むしろ護憲の結論を支持する主張である。というのも制定経緯が気に食わないという主張は、「内容についての文句はない（制定経緯ぐらいしか文句が言えない）」ということを意味しているからだ。

第三の主張は、橋下徹氏が好む議論である。橋下氏は、しばしば、「九六条改正反対派は、国民をもっと信頼すべきだ」と言う（『毎日新聞』平成二五年五月三日インタビューなど）。しかし、国民が信頼できること、つまり「ヘンな案が出ても否決されること」は、ヘンな案を提案してよい理由にはならない。「三分の二→過半数」を主張するなら、「三分の二」よりも、「過半数」の方が良質な改憲案を作れるという根拠を示すべきだろう。問題は、「国民は信頼できる」のか否かではないのである。

というわけで、過半数改正論の四類型のうち、最初の三つはお話にならないレベルといってよいだろう。(7)

5 「過半数」改正はスジが通っているのか?

「つまり、私たちの国では、大事なことは全て私たち自身で決めているのです」

サラマ・カラト星の大統領チャモロ・メカニ氏は、誇らしげにこう言った。民主国家の宣言に感動した私は、「大事でないことは、どう決めているのですか?」と質問する。メカニ氏は、笑顔でこう答えた。

「些末なことは、人工知能の判断に任せていますよ」

なるほど、合理的だ。そこで、私は最後の質問をした。

「では、何が大事なことで、何が些末なことなのかは、誰が決めるのですか?」

「それは、もちろん、人工知能が判断します。合理的でしょう」

メカニ氏は、胸を張ってこう答えた。もちろん、サラマ・カラト星人に胸の部分はないから、胸を張ってというのは比喩である。——巻真紀『陽気な平行線』(漏電出版)四二頁

これらに比べると、安倍氏の主張は比較的スジが通っている。確かに、国民の大半が改憲を望んでいるときに、国会議員の反対で改憲ができないのは問題かもしれない。

しかし、そうした主張を突き詰めると、そもそもなぜ改憲発議権が国会に委ねられているのか、という根本的な疑問に行き着く。むしろ、国会から改憲発議権を取り上げ、国民発案(例えば、一〇万人以上の署名を要件にする等)によって発議する制度を提案すべきである。安倍氏の主張からすれば、国民が望む改憲発議を国会議員が阻止するのは、その数が「三分の一」だろうと、「二分の一」だろうと、あるいは「三分の二」であろうと問題である。安倍氏の主張する「過半数」設定でも、「半分をチョット超える議員が反対すれば、改憲ができないのはおかしい」という批判を受けるだろう。

また、一見中立的に思える「過半数」という条件が、実は政権与党にとってのみ都合のよい制度であることに注意が必要である。

現行憲法九六条を前提にする場合、政権与党だけでなく、野党も巻き込んだ広汎な合意を取り付けるには、多くの時間をかけ、深い議論が必要となる。このため、改憲発議の過程を通じて、自然と熟慮期間や情報流通が確保される。

ところが、合意のレベルが「過半数」でよいとなると、広汎な合意を形成する必要がなくなってしまい、国民に投票のための判断材料が届かなくなってしまう。また、「投票」のタイミングを政権与党が自在に選べることになり、突発的な事情を利用して、十分な熟慮のない国民投票を実施してしまう危険が大きい。

要するに、「三分の二→過半数」という九六条改正は、「大事なことは国民が決めます。何が大事かは政権与党が決めます」という制度への変更であり、憲法改正や国民投票が政権与党の道具になってしまう危険が大きい。「過半数」への改正は、「国民」のためを標榜《ひょうぼう》しつつ、政権与党にとってのみ都合のいい制度なのである。

「投票」は、有意義な制度であるが、その利用には前提があるということを忘れてはならないだろう。(8)

6　小平市住民投票は住民の「意思」なのか？

僕たちが直面している問題は、つまりこうだ。例の南側の崖を掘るべきか、それとも、言い伝えの通り、神社裏手の納屋の下を掘るべきか。締切や予算のことを考えると、もう、そのどちらかしかない。でも、未だにどちらが正しいのかは分からない。いや、どちらかが正しいという保証もない。

ここで、室下さんは興味深いことを言った。

「こうなると、掘らない、という選択肢も、あるかもしれませんね」

——三輪美和『矢部野町の埋蔵金』（漏電出版）一九二頁

さて、こう考えてきたとき、小平市の住民投票のことは、どう考えたらよいだろうか。

小平市住民投票について簡単におさらいすると、こういう事件である。二〇一三年一月、小平市民有志により、小平都市計画道路3・2・8号線の見直しの是非を求める住民投票条例案が議会に提出された。これが、三月に可決され、住民の請求に基づく画期的な住民投票の試みになるはずであった。ところが、その後市長選があり、四月に条例が改正され、次のような条文が付加された。

【住民投票の成立の要件】

第一三条の二　住民投票は、投票した者の総数が投票資格者の総数の二分の一に満たないときは、成立しないものとする。

五月二六日に実施された住民投票の投票者は、有権者数一四万五〇二四人中、五万一〇一〇人（三五%）に止まったため、この規定に基づき投票は成立せず、開票もされなかった。その後、小平市・東京都・国は、住民投票などなかったかのように計画を進めている。

あまりにも唐突な最低投票率の設定に、住民投票を求めた市民の多くは、条例一三条の二は住民投票潰《つぶ》しの規定なのではないか、と批判した。そもそも小平市長選挙も投票率は五〇％に満たないことが多いという状況下では、このハードルは高すぎる印象がある。(9)

とはいえ、住民の「半分未満の過半数」を市の決定としてしまってよいのだろうか、という市の論理も直観的には分からなくもない。そこで、投票率が低いと何が問題なのかについて、検討してみよう。この点について、小平市の小林正則市長は、次のように述べている。

【小平市長の説明】

……五〇％を超えればですね、それは誰が見ても市民の総意・小平市の総意として扱うわけですから、特定の団体や特定の意思を持った人達が投票行為をしたというよりは、やはり、それは代表する意見として扱うべき。その逆の場合はなかなか開票した場合にですね、扱われ方に問題はあるのではないかという風に思っています。(10)

これは、「有権者総数の過半数」は、住民の意思と同視できるが、有効投票の過半数はそうではない、という発想である。しかし、本論の1節に述べたように、住民投票は、住民の「同意」を得るためのものではないし、有権者総数の過半数も有効投票の過半数も、「全員の賛成でない」点ではそれほど変わらず、住民投票の制度理解として誤っている。

また、この発言は、「有権者総数の過半数」の意思なら、「誰が見ても」住民の意思と看做《みな》せるのだから黙って従えという傲慢な考え方の吐露でもある。

投票率の問題は、住民の「同意」と看做せるか否かではなく、「投票に従うべき理由が弱まるかどうか」という点から検討しなければならない。

7 「最低投票率」制度の理解

「……誠にお気の毒でございます。しかし、もし皆様が、地域問題に関心をお持ちになることができなかったとしても、それは皆様自身の責任です」

「では、破壊光線を作動させて下さい」

ハッチからは、光があふれ出てきた。

——Douglas Adams, *THE HITCHHIKER'S GUIDE TO THE GALAXY*, Chapter 3

2節で述べたように、「投票」に従うべき理由は、内容が正しい可能性が高く、メンバー全員を尊重した手続だという点にある。このうち、メンバー全員に投票の機会があったという点は、投票率の高低に関係ない。とすれば、問題は前者（内容が正しい可能性が高い）である。

法的には、「投票」に行かないという行動は、①どちらの結論であってもよいとの意思表示（白紙委任）か、②情報や時間が不足していて判断ができないことの表明（判断留保）、のいずれかとして理解すべきである。[11] このうち、低投票率の主原因が、①白紙委任が多数を占めていることにある場合には、「投票」結果に従うべき理由が弱まるとは言い難い。十分な情報と時間の下で多くの人が、「どちらでもよい」あるいは、「強い関心を持つ人の多数決が正しい」と判断したのであれば、それが正解である可能性は高いだろう。要するに、①白紙委任は、賛成・反対票と同じくらいに積極的な投票行動である。

これに対し、低投票率の主原因が②判断留保にある場合には、確かに「投票」結果に従わない方がよい。「投票」制度の魅力は、一部の人のミスを多くの人の投票でカバーできるところにある。ところが、多くの人が判断留保している状況では、一部の人のミスが結果に影響しやすい。とすればぱ、小平市の「最低投票率」制度は、「投票率五〇％未満という結果は、時間や情報が不十分だったことを意味している」という形で正当化すべきだろう。

ところで、「最低投票率」制度をこのように理解すると、住民投票後の市の対応は、全くスジが通らないということになる。条例は、市長に対し住民投票のための情報を適切に提供する責務を課している（一一条）。そして、低投票率は、市長のこうした責務が果たされなかったことを示す事実である。

だとすれば、市長は再度、小平都市計画道路3・2・8号線の計画を説明し、住民に判断する情報・時間を提供すべきだし、判断を表明する機会を再度設定すべきだろう[12]。つまり、もう一度、住民投票をすればよい。その際には、「十分な情報と時間を経た今回の投票で棄権するのは、積極的な投票結果への委任を意味しているのだから」という理由で、「最低投票率」を設けないのも一案である。また、「最低投票率」を再度設定し、それを上回るまで投票を続けてもよい。というような選択肢が、小平市には開かれている。

おわりに

国民投票や住民投票は、しばしば、それが国民の意思を確認する手続、住民の同意を得るための手続だと理解される。しかし、その理解は誤っていると思う。BS派の連中が言うように、「投票」は、むしろ一定の割合で反対派がいることを明確にする手続である。

とすれば、それを単純に国民や住民と同視するのではなく、なぜ、「投票」結果に従うべきなのかを根本から考えなくてはならない。そうした検討が欠けると、「投票」制度は、権力者の道具にされてしまうだろう。憲法九六条「三分の二→過半数」改憲論や、小平市「最低投票率」制度は、この点を見落としているように思う。

他方、小平市の住民投票は、とても重要な試みだったと思う。市当局の都合で設定されたテーマではなく、市民が自発的に問題について考える機会を設け、シンポジウムなども開催され良質な議論が流通した。「投票」は、やればよいというものではなく、その前提が重要だ、ということを強く示唆する試みだったと思う。

そして、7節で述べたように、「投票率が五〇%に届かなかったこと」は、住民投票の終わりではなく、さらなる継続を促す事件だったと理解すべきだろう。
(1) 以下、引用はDouglas Adams, *THE HITCHHIKER'S GUIDE TO THE GALAXY*, Chapter 3より。このシリーズ0は、安原和見氏の訳で河出文庫より出版されている。
(2) 以下に引用する漏電出版の本は、いずれも架空の作品である。
(3) 井上達夫『現代の貧困』(岩波現代文庫、二〇〇一年)一九二―一九三頁は、「民主制を合意による統治として表象することは実は『便利な嘘』にすぎない」と指摘し、民主制の正当化根拠を「社会の対立諸方の解放」つまり、「非民主的体制の下では抑圧隠蔽されていた、多様な利益や価値の活発な自己主張を許し、社会的対立を顕在化させ、奨励する」ことにあると述べる。こうした民主主義理解に注目するものとして、大澤真幸『逆説の民主主義』(角川ONEテーマ21、二〇〇八年)第三章参照。
(4) もし、そうでないなら、一刻も早くその国は民主制をやめた方が良いだろう。
(5) 長谷部恭男「多数決の『正しさ』」『比較不能な価値の迷路』(東京大学出版会、二〇〇〇年)第六章参照。
(6) Bruce Ackerman & James Fishkin, *Deliberation Day* (Yale University Press, 2004)
(7) この点については、木村草太「憲法九六条改正はなぜ問題外か?(上・中・下)」(『論座』朝日新聞社、二〇一三年五月、『テレビが伝えない憲法の話』PHP新書、二〇一四年）にて論じた。

（8）この点は、「直接民主主義は、議会制民主主義の理念としてのはたらきとは逆に、それを否定するものとして、したがって実は、議会制民主主義の論理的前提であるはずの直接民主主義の理念自体を破壊するイデオロギーとしてもはたらきうる」という樋口陽一『近代立憲主義と現代国家』（勁草書房、一九七三年）一六四頁の議論を参照。

（9）平成二五年四月七日の市長選挙の投票率は、三七・二八％。平成以降の七回の市長選挙で、投票率五〇％を超えたのは一回（平成三年四月二一日、市議会議員選挙と同日実施）のみである。http://www.city.kodaira.tokyo.jp/kurashi/006/006178.html

（10）https://www.tbsradio.jp/ss954/2013/05/post-42.html より。

（11）実際の不投票の動機は、（賛成又は反対の意思はあるが）面倒だった、仕事があった、投票に行っても無駄だと思った、投票はどうせ不成立で意味がないと思った、などなどだろう。しかし、本論で議論しているのは、あくまで不投票の「法的位置づけ」をどう理解すべきか、である。不投票の「法的位置づけ」が定まらない限り、最低投票率制度の正確な理解はできないものと思われる。

（12）住民同士の議論によって、問題の理解と相互信頼が高まることは、住民投票の重要な効能の一つである。

特定秘密保護法の制定過程が示すもの

はじめに

……世の中一般におきましては、民間の方が独自に収集をした情報でありますとか、既に公になっている情報についても、その保有が処罰の対象とされかねないという、言ってみれば、一種のホラーストーリーが流布をしております。

もちろん、こんなことを処罰の対象にすることには私自身も絶対に反対でございますが、ただ、これはこの法案の内容とは違う話でございますので、この種のホラーストーリーも、この法案を批判する根拠にはあまりならないのではないかというふうに私は考えております。

――平成二五年一一月一三日　衆議院・国家安全保障に関する特別委員会　長谷部恭男参考人発言

特定秘密保護法案が可決された。この法律の基本構造は、いたってシンプルである。まず、行政機関の長は、「当該行政機関の所掌事務に係る別表に掲げる事項に関する情報であって、公になっていないもののうち、その漏えいが我が国の安全保障に著しい支障を与えるおそれがあるため、特に秘匿することが必要であるもの」を「特定秘密」に指定する（三条）。この「特定秘密」を漏えいする行為は、一〇年以下の懲役となり（二三条）、また、漏えいを「共謀し、教唆し、又は煽動した者」は五年以下の懲役となる（二五条）。

特定秘密保護法については、治安維持法に匹敵する悪法だとか[1]、起訴の理由が秘密にされたまま処罰されたことになるといった批判が寄せられており[2]、これが可決されたことは日本の民主主義の歴史に残る汚点だとまで言う人もいる。

しかし、私は、法案を読んだとき、率直に言って、文言自体はよくできていると感じた。天下の悪法のようには見えなかったのである。長谷部恭男教授（東京大学教授、憲法学・情報法学専攻）も、衆議院の特別委員会で、法案に寄せられる批判の中には、法案の内容とはかけ離れたホラーストーリーも多いと指摘している。

こうした法案内容と、法案への批判とのギャップは、前提知識が十分に共有されていないことに起因しているように思われる。そこで、本論では、特定秘密保護法の前提となる法的知識を説明してみたい。そのうえで、特定秘密保護法案をめぐる騒動が示唆する深刻な問題を論じることにしたい。

1　外務省秘密電文漏えい事件

「コアコンピタンスをフィックスして、ラガードとアーリーアドプターの行動をコンフリクトからコンシステンスにバンドルチェンジする。これにより御社のマークアップは、ＬＰＧからＲＰＧになるので経験曲線効果を最大化できます」

敏腕コンサルタントのマイク・ヤスダ（本名安田直樹、栃木県出身）の熱弁とは裏腹に、社長の反応はいたってシンプルだった。

「で、結局、どうすれば、うちの亀の子タワシが売れるようになるわけ？」

――三輪美和『天空のサラリーマン』（漏電出版）二一一頁(3)

特定秘密保護法ができると、行政は情報を隠し放題になる、と言われた。不都合な情報は、片っ端から「特定秘密」に指定してしまうのではないか、というわけである。

しかし、行政が保有している情報の中には、公開できないものがあるのも事実であり、特定秘密保護法が制定されていなかったとしても、国には、国家秘密を守るための制度が存在する。では、これまではどのように制度が運用されていたのだろうか。この点について、条文を引用しながら淡々と説明しても退屈になってしまうので、具体的な事案に即して見て行こう。

国家公務員の秘密漏えいの規律については、「外務省秘密電文漏えい事件」と呼ばれる事件の最高裁判決（最一判昭和五三年五月三一日刑集三二巻三号四五七頁）がまとまった解釈と基準を示している。(4) この事案は、特定秘密保護法をめぐる報道でも何度も紹介されたのでご存じの方も多いだろう。まず、簡単に事案を確認しよう。

一九七一年（昭和四六年）五月、日本政府とアメリカ政府は、沖縄返還交渉を進めていた。毎日新聞記者Yは外務省事務官Aに依頼し、日本政府から極秘でアメリカ政府に出す予定だった電文の文案のコピーを受け取った。

この電文には、沖縄返還に関する対米請求権問題の処理が記されていた。具体的には、次のような話である。アメリカの政府や軍は、沖縄占領に際して行った土地強制収用などに対する補償を求められていたが、補償金を支払う余裕はなかった。そこで、日本政府は、補償金の肩代わりを秘密裏に申し入れていたのである。裁判では、第一に、こうした密約を秘密として保護すべきか、が争点となった。

さらに、この事件には特殊な点があった。Y記者は、A事務官と肉体関係を取り結び、それを利用して電文を入手していたのである。このため、果たして、ジャーナリストの取材の範囲と言えるのか、が第二の争点となった。

Y記者は刑事責任を問われることになるのだが、具体的には、どのように裁かれたのだろうか。これを確認しながら、特定秘密保護法以前の秘密保全法制を見て行こう。

2　国家公務員法上の「秘密」保護

「あのあばら家で雨宿りしよう」と山田君が言った。でも内田君は、「なんだかボロくて、雨漏りしてそうだなあ」と言う。すると、室下さんまで、「そうですね。風がしのげるかも気になります」とまゆをひそめた。

でも、今、僕たちがいるのは、屋根も壁もない荒地のど真ん中。雨も風も受け放題だ。

――三輪美和『矢部野町の埋蔵金』（漏電出版）一〇一頁

まず、Y記者の行為は、どのような条文に基づき起訴されたのだろうか。国家公務員法一〇〇条一項は次のように定めている。


【国家公務員法一〇〇条一項】

職員は、職務上知ることのできた秘密を漏らしてはならない。その職を退いた後といえども同様とする。


この条文は、昭和二二年に国家公務員法が制定された当時から存在する。特定秘密保護法ができて、初めて秘密漏えいが許されなくなったわけではないのである。
では、秘密を漏らすとどうなるのか。国家公務員法一〇九条一二号は次のように規定する。

【国家公務員法一〇九条一二号】
第一〇九条　次の各号のいずれかに該当する者は、一年以下の懲役又は五〇万円以下の罰金に処する。
一二　第一〇〇条第一項……の規定に違反して秘密を漏らした者

ということで、秘密を漏らした公務員には、刑罰がある。また、犯罪をした公務員には、当然、免職などの懲戒処分が課される（国家公務員法八二条一号）。では、罰せられるのは公務員だけなのだろうか、というとそうではない。次の条文を見てほしい。

【国家公務員法一一一条】
第一〇九条……第一二号……に掲げる行為を企て、命じ、故意にこれを容認し、そそのかし又はそのほう助をした者は、それぞれ各本条の刑に処する。

例えば、上司が部下に秘密を漏らせと命じたり、公務員でない人が公務員に秘密を漏らすようそそのかしたり、ほう助したりする行為も、公務員と同様の刑罰（本条の刑＝一〇九条の刑＝一年以下の懲役又は五〇万円以下の罰金）を受ける。

「そそのかし」とは、秘密漏えいするように公務員に働きかける行為を言い、例えば、スパイが秘密を漏らすよう執拗に迫ることなどを指す。また、「ほう助」とは、公務員の秘密漏えいを容易にする行為を言い、例えば、匿名で秘密を漏らすことができるようなインターネット環境を用意するような行為を指す。

特定秘密保護法案の制定過程では、「これが成立すると、ジャーナリストの取材に対しても刑罰が科されるようになるかもしれない」と言われた。しかし、秘密漏えいを促すような取材は、国家公務員法一一一条の「そそのかし」として、特定秘密保護法制定のはるか以前から、罰せられてきたのである。

そして、ここで保護される「秘密」には、当然、安全保障関係の秘密も含まれる。特定秘密保護法は、もともと国家公務員法で保護されている「秘密」のうち、安全保障に関わる情報に特別な保護を与えるに止まる。したがって、この法律で「これまで処罰されなかった行為が罰せられるようになった」というのは、基本的には誤った理解である。

3　「秘密」とは秘密にしなければならないことである

「この星では、カルマラポッチョは禁じられています」

サラマ・カラト星のガイドのコノリス君は、カルマラポッチョを心から嫌悪するような口調で言った。到着早々、あまり愉快な話ではないが、初めて来た星だ。タブーを知っておくことは大事だろう。そこで、私は、カルマラポッチョとは、どんな行為なのかと聞いた。すると、コノリス君の答えはこうだった。

「カルマラポッチョとは、バルバラ（高裁判事と国立歌劇場音楽監督を合わせたようなサラマ・カラト星の役職）がカルマラポッチョだと指定したものですよ」

――巻真紀『陽気な平行線』（漏電出版）二二頁

さて、事件の第一の争点は、Y記者の取得した「電文」の内容が、国家公務員法に言う「秘密」に該当するか否かである。では、国家公務員法に言う「秘密」とは何なのか。

この点については、争いがあった。一方は、「『秘密』とは、行政機関がマル秘指定したものだ」という説である。これは、指定という「形式」を重視する見解なので、「形式秘説」と呼ばれる。これに対し、もう一方は、「マル秘指定があったかどうかはどうでもよく、『秘密』とは、漏えいすると公共の利益を害する情報を言う」と主張した。こちらは、実質的に秘密にすべきことだけ保護しようという見解なので、「実質秘説」と呼ばれる。
問題の電文は、外務省内で秘密文書の指定を受けており「形式秘」と言えるものではあったが、それが「実質秘」かどうかは、議論の余地がある。では、形式秘説・実質秘説、いずれの見解が妥当だろうか。

この点、日本国憲法は、民主主義を採用しており、行政機関のあらゆる活動を国民が監視・評価することを前提としている。そして、国民が適切に行政活動を監視・評価するには、それに関する情報を十分に知っておく必要があるだろう。このため、憲法は、行政に関する情報を「知る権利」を国民に保障している。[5] また、この権利をより現実的なものにするため、メディアが行政を取材・報道する自由は、憲法二一条一項により手厚い保護を受けるとされている。[6]

知る権利や取材・報道の自由は重要な権利であり、これらを制限するには、それを正当化するだけの十分な理由が必要だとされる。そして、「行政機関が隠したいと思っているから」（形式秘だから）という理由は、到底、十分な理由とはなり得ない。例えば、大臣や事務次官の汚職に関する情報がマル秘指定されたとしても、その告発・取材を罰すれば憲法違反だろう。

とすれば、実質的に保護に値するものだけを保護する実質秘説が妥当である。

では、最高裁はどちらの見解をとったのか。

【最一判昭和五三年五月三一日刑集三二巻三号四五七頁の実質秘説】

国家公務員法一〇九条一二号、一〇〇条一項にいう秘密とは、非公知の事実であつて、実質的にもそれを秘密として保護するに値すると認められるものをいい……、その判定は司法判断に服するものである。

ここでは、一般に知られていない事実（非公知）のうち、実質的に秘密にすべきものが「秘密」だという解釈が示される。また、実質的に秘密にすべきかどうかは、行政機関が判定するのではなく、「司法判断に服する」、つまり裁判所が第三者の立場から認定するとされている。これは、実質秘説に立つものである。

4　外交交渉の過程は秘密である

「クレタ島の住民は、皆嘘つきです」

クレタ島に住む友人は、パーティーでこんな風に自己紹介した。大半の人は笑った。哲学者と言語学者は、頭を抱えた。外交官は、「クレタ島の外交官は頼りになりそうですね」と儀礼的な笑みを浮かべた。――世界パラドックス協会編『この文章はウソです』（漏電出版）一〇三頁では、それが実質秘かどうかは、どうやって判定するのだろうか。実は、先に見たように、国家公務員法一〇〇条は「職務上知ることのできた秘密」としか書いておらず、他の条文にも、秘密かどうかを判断する基準はない。このため、判断基準は、解釈に委ねられることになる。

この点、国家は公共の利益を実現するための団体である。とすれば、国家における秘密とは、「公開されると公共の利益を害する情報」と定義できるだろう。

この「公共の利益を害する」とは、その情報を公開することで得られる利益よりも、失われる利益の方が大きいという意味である。例えば、官公庁の住所を非公開にすれば、役所にいやがらせ目的で侵入する人を減らせるというメリットはあるかもしれないが、他方で、国民が行政手続をできなくなるなど、非常に大きなデメリットがある。このため、官公庁の住所は秘密たり得ない。逆に、テロの対象になる可能性が非常に高く、かつ、一般人の利用が想定されない防衛施設などでは、住所が秘密になることはあるだろう。

もっとも、この得られる利益と失われる利益の比較は、個別の事案ごとに慎重に行う必要がある。それでは、最高裁は、問題の電文について、どのように判断をしたのだろうか。判決は、まず一般論として次のように述べる。

【最一判昭和五三年五月三一日刑集三二巻三号四五七頁の外交交渉論】

条約や協定の締結を目的とする外交交渉の過程で行われる会談の具体的内容については、当事国が公開しないという国際的外交慣行が存在するのであり、これが漏示されると相手国ばかりでなく第三国の不信を招き、当該外交交渉のみならず、将来における外交交渉の効果的遂行が阻害される危険性があるものというべきであるから、本件第一〇三四号電信文案の内容は、実質的にも秘密として保護するに値するものと認められる。

交渉過程は公開しないのが「国際的外交慣行」であり、その慣行を破ると、信頼を失い効果的な外交ができなくなる、という論理である。

この論理は、検討の余地はあるものの、一つのあり得る考え方ではあろう。もっとも、この論理を受け入れたとしても、問題の電文案には、補償金を日本が肩代わりする密約が記されていた。国民にウソをつくのは違法な外交交渉であり、そのような違法な交渉の顚末《てんまつ》は実質秘とは言えないのではないか。Y記者の側は、こう主張した。

しかし、判決は次のように言う。

【最一判昭和五三年五月三一日刑集三二巻三号四五七頁の対米請求権密約問題】

右電信文案中に含まれている原判示対米請求権問題の財源については、日米双方の交渉担当者において、円滑な交渉妥結をはかるため、それぞれの対内関係の考慮上秘匿することを必要としたもののようであるが、わが国においては早晩国会における政府の政治責任として討議批判されるべきであつたもので、政府が右のいわゆる密約によって憲法秩序に抵触するとまでいえるような行動をしたものではないのであつて、違法秘密といわれるべきものではなく、この点も外交交渉の一部をなすものとして実質的に秘密として保護するに値するものである。

最高裁は、このような交渉も違法ではなく、電文内容は全体が保護に値するものだった、と結論した。この点については、当然、批判がある。しかし、判決の論証と、それをめぐる法学者の議論は、ここから思わぬ方向に展開することになる。

5 取材の自由と人格の蹂躙

「私は、加藤君を北米営業課に配属しても良いと思うよ」

「なんでですか？」

「だって、加藤君は、課長に『コーヒーです』って言いながら、薄めてない麺つゆ出しただけでしょう。それを人格の蹂躙だなんて、言い過ぎだよ」

「だから、問題なのは、その件じゃなくて、加藤さんのＴＯＥＩＣの点数です！」


——三輪美和『天空のサラリーマン』（漏電出版）八二頁

先ほど述べたように、Y記者は、取材のためにA事務官との肉体関係を利用していたのである。このため、判決では、実質秘の基準の他に、どこまでが正当な取材か、という点も争点となった。最高裁は、国家公務員法を解釈するにあたっても、取材の自由を尊重すべきだとして、次のようなことを言いだす。

【最一判昭和五三年五月三一日刑集三二巻三号四五七頁の取材の自由】

報道機関の国政に関する取材行為は、国家秘密の探知という点で公務員の守秘義務と対立拮抗するものであり、時としては誘導・唆誘的性質を伴うものであるから、報道機関が取材の目的で公務員に対し秘密を漏示するようにそそのかしたからといって、そのことだけで、直ちに当該行為の違法性が推定されるものと解するのは相当ではなく、報道機関が公務員に対し根気強く執拗に説得ないし要請を続けることは、それが真に報道の目的からでたものであり、その手段・方法が法秩序全体の精神に照らし相当なものとして社会観念上是認されるものである限りは、実質的に違法性を欠き正当な業務行為というべきである。

「社会観念上是認される」取材は、「正当な業務行為」だというわけである。

この正当業務行為とは、単に、正しいですという意味の日常用語ではない。刑法は、「法令又は正当な業務による行為は、罰しない」と定めており（三五条）、形式的に犯罪になる行為（構成要件に該当する行為）でも、正当業務行為に該当する場合には、正当防衛などと同様に無罪となる（違法性が阻却《そきゃく》される）。正当業務行為の例としては、外科医が手術でメスを入れても傷害罪にならないとか、消防士が消防活動のために必要な範囲で建物を壊しても器物損壊罪にならないといった例が挙げられる。常識の範囲での取材活動は、正当業務行為だというわけである。

さて、この論点が登場したため、Y記者の取材は、「社会観念上是認される」のか否か、という議論をしなければならなくなる。そして、最高裁は次のように言う。

【最一判昭和五三年五月三一日刑集三二巻三号四五七頁の人格の蹂躙論】

被告人は、当初から秘密文書を入手するための手段として利用する意図でAと肉体関係を持ち、Aが右関係のため被告人の依頼を拒み難い心理状態に陥ったことに乗じて秘密文書を持ち出させたが、Aを利用する必要がなくなるや、Aとの右関係を消滅させてその後はAを顧みなくなったものであって、取材対象者であるAの個人としての人格の尊厳を著しく蹂躙したものといわざるをえず、このような被告人の取材行為は、その手段・方法において法秩序全体の精神に照らし社会観念上、到底是認することのできない不相当なものであるから、正当な取材活動の範囲を逸脱しているものというべきである。

被告人Yの行為は、A事務官の人格の尊厳を著しく蹂躙するもので、到底、正当な取材とは言い難い、というわけである。この判決が出た後、法学の世界では、この判断の是非をめぐり議論が大いに盛り上がることになる。

取材方法として肉体関係を利用することは「あり」か「なし」か。この論点は、なかなか興味深く、論じがいがある。野次馬《やじうま》的にも、非常に面白い。しかし、この論点があるために、かえって判例の本当の問題点に目が行き届かなくなってしまった感がある。

6 「そそのかし」とはどんな行為か？

「つまり、あなたはそのお金が、会社のお金だということを知っていたのですね」

「はい」

「にもかかわらず、あなたは経理の宮原さんに、そのお金を持ち出させた、と」

「はい。でも信じてください。暴行も脅迫もしていませんし、もちろん、私はさえない中年男ですから、恋心につけこむなんておしゃれなこともできません！　真剣に、根気強く、お金を持ち出すよう何度もお願いしただけなんです」


——三輪美和『天空のサラリーマン』（漏電出版）一四五頁

そもそも、秘密漏えいの「そそのかし」は、どのような行為なのだろうか。

「そそのかし」とは、①それが公開されると公共の利益が害されることを認識したうえで、[8]②秘密漏えいを働きかけ、漏えいを決意させることを言う。具体的に言えば、①それが来年の大学入試センター試験の問題であったり、自衛隊の暗号であったりすることを認識しつつ、②事務官にそれを漏らすよう決意させるような行為を言う。

さて、そもそも、そのような行為が正当な取材と言い得る余地はあるだろうか。外務省秘密電文漏えい事件判決では、肉体関係を用いず、「根気強く執拗に説得ないし要請を続ける」程度の取材は、「社会通念上是認される」と言う。

この点、形式秘説をとるなら、次のような議論が成り立つ余地はある。行政機関がマル秘指定したものの、本当は国民に知らしめるべき情報がある場合、それを取材することは、正当だし、むしろ報道機関の使命である。したがって、「秘密」事項の取材は、正当業務行為たり得る。

しかし、実質秘説を前提にすると、こうはいかない。国民に知らしめるべき情報は「秘密」にあたらないことになるので、その取材は、肉体関係を用いたか否かに係らず、そもそも「秘密漏えい」にならない（構成要件に該当しない）。逆に、「秘密」にあたるということは、国民に知らしめるべき情報ではないということだから、それを取材する権利を認める必要はない。例えば、受験雑誌の記者が、センター試験問題の漏えいをそそのかす行為は、暴力や肉体関係を用いず、真剣にお願いしただけだからといって、「社会通念上是認される」とは言えないだろう。

そうなると、実は、取材が正当業務行為であるか否かは、あまり重要ではないということが分かる。それが実質秘でないなら、どんな態様で取材しようと犯罪ではないし、逆に実質秘なら、どんなに誠実で平穏にそそのかしていても極めて悪質な犯罪である。このことは、会社のお金の横領を「そそのかす」行為は、肉体関係を使っていようがいまいが、違法な行為であることと考え合わせれば分かるだろう。とすれば、外務省秘密電文漏えい事件の争点は、純粋に、電文の内容が実質秘に該当するかどうか、だけだったことになる。

このことは、特定秘密保護法を評価するうえでも重要だろう。大事なのは、何を秘密にすべきかである。続いて、特定秘密保護法では、どのような基準で「特定秘密」の範囲を画《かく》すのかを見てみよう。

7 「特定秘密」とは何か？

「ガラスのくつをはけただけで、おうじさまとけっこんできるなんてズルい」

ななちゃんはいいました。

「でもね、シンデレラは、かわいくて、あたまもよくって、なにより、おそうじがじょうずだったのよ」

おかあさんがいうと、ななちゃんは、なにかがわかったようで、おそうじをはじめました。


——冨永一夫『メタシンデレラ』（漏電出版）二一頁

特定秘密保護法の最大の問題点として、行政が片っ端から情報を特定秘密に指定できるようになり、国民の知る権利が大幅に制約される、という点が指摘されていた。本当だろうか。

この法律が、形式秘を保護するものであれば、確かにその批判が当てはまる。しかし、この法律では、「特定秘密」に指定するには、二つの条件を満たす必要があると定めている。

第一に、別表に掲げる情報でなければならない。別表には、防衛や外交用の暗号、自衛隊装備の性能、テロリズム防止のための情報などが挙がっている。この別表は、私が見る限り、かなり限定したものと評価するが、曖昧だとか、広すぎるという批判もある。

確かに、この別表だけだと不十分かもしれない。しかし、法の限定は、これに止まらない。「特定秘密」に指定するには、第二の条件として、「その漏えいが我が国の安全保障に著しい支障を与える」情報である必要がある。

この第二の条件は、かなり厳しい。というのも、法文における「著しい」という文言は、害が非常に大きく、かつ具体的なことを意味する。安全保障の文脈では、その漏えいにより、国民や公務員の生命・身体・財産といった非常に重要な利益が失われる危険を生じさせるもので、かつ、どのような因果関係で、どの国民・公務員の何が失われるかが特定できるようなものでないと、「安全保障に著しい支障」とは言えないだろう。

この点、法案の審議過程では、官公庁の住所や首相動静が「特定秘密」に指定されるのではないかという懸念も示された。しかし、それらを「特定秘密」に指定することは条文上不可能である。

というのも、確かに、防衛省の住所や首相の公務日程を公開すれば、外国やテロリストに攻撃される危険が生ずる。しかし、そもそも、それらは別表に掲げられた情報ではない。また、それを公開することにより生じる危険は、極めて抽象的で、攻撃に至る具体的な経緯を説明することはできないから、「安全保障に著しい支障」の条件も満たさない。よって、「特定秘密」には指定し得ないのである。

では、「安全保障に著しい支障」をきたさない情報を、「特定秘密」に指定したらどうなるのかといえば、特定秘密保護法三条に違反する指定なので、その指定は違法無効になる。また、先ほど述べたように、秘密にしてはいけないことを秘密として保護するのは、憲法違反となるので、違憲無効の評価も受ける。したがって、違法に秘密指定された情報を取材・報道しても刑罰対象とはならない。

こうしてみると、特定秘密保護法は保護する「特定秘密」の範囲を、かなり厳しい基準で限定しており、法的に見る限り特段不当とは言い難い。

このように規制範囲が厳しく限定されていることからすると、刑罰の加重についても十分に説明ができるように思われる。

国家公務員法では一年以下の懲役だったのに、特定秘密保護法では、漏えい行為自体が一〇年以下の懲役、共謀や教唆は五年以下の懲役となっており、ずいぶん重くなったという印象を受ける人もいるだろう。

しかし、一〇年以下の懲役は、窃盗（刑法二三五条）や営業秘密漏えい（不正競争防止法二一条）と同水準である。官公庁から物を盗むと一〇年以下の懲役で、安全保障に関わる重大な秘密を盗むと一年以下の懲役というのは、どうもバランスがとれていないようにも思われる。むしろ、現在の感覚からすると、国家公務員法制定時には、情報の重要性への認識が足りなかったのではないかと思われる。

8　「特定秘密」を取材する権利？

「ですから、コーヒーカップの中身が麺つゆだったなんて知らなかったんです」
加藤さんは、わざとじゃないから無罪だと主張した。

——三輪美和『天空のサラリーマン』（漏電出版）八二頁

このように、「特定秘密」に指定できる範囲は、かなり限定されている。しかし、仮にそうだとしても、この法律によって、ジャーナリストの取材活動が不当に制限を受けるのではないか、という批判がある。この点については、どう考えればよいだろうか。

確かに、「特定秘密」の漏えいを働きかける行為は、漏えいの「教唆」として処罰される（特定秘密保護法二五条）。しかし、先ほど見たように、最高裁は、「社会観念上是認される」取材は、「正当な業務行為」だとしていた。そして、特定秘密保護法二二条では、これまで判例法理としてしか存在していなかったこの法理を、あえて、しっかり条文化している。

【特定秘密保護法二二条】

一　この法律の適用に当たっては、これを拡張して解釈して、国民の基本的人権を不当に侵害するようなことがあってはならず、国民の知る権利の保障に資する報道又は取材の自由に十分に配慮しなければならない。

二　出版又は報道の業務に従事する者の取材行為については、専ら公益を図る目的を有し、かつ、法令違反又は著しく不当な方法によるものと認められない限りは、これを正当な業務による行為とするものとする。

もちろん、このような抽象的な条文では不十分だという批判もないわけではない。特に強く主張されたのは、何が「特定秘密」だと指定されているかは分からないのに、それを取材しただけで、漏えいの「教唆」（特定秘密保護法二五条）として処罰されてしまうのは不当だ、という批判である。

しかし、先に強調してきたように、「教唆」とは、①その情報が実質的にも形式的にも「特定秘密」であることを認識したうえで、②漏えいをそそのかす行為を言う。問題の情報が「特定秘密」だと知らないで、情報提供を求める行為は「教唆」に該当しない。したがって、そうした批判は的外れだろう。

他方で、外務省秘密電文漏えい事件について指摘したように、秘密にすべき情報を、そうした情報だと知ったうえで取材する自由は、正当な行為とは言い難い。「特定秘密」についても、事情は同じである。「特定秘密」とは、単にその指定を受けた情報ではなく、公表されると「安全保障に重大な支障」をきたす情報である。そのような情報を取材・報道する権利を手厚く保護すべきだという議論には、説得力がないだろう。

そうすると、特定秘密保護法がジャーナリストの取材の自由を不当に制限するとの批判は、妥当とは言い難い。

9 特定秘密保護法の解釈と裁判所の責任

実際に課長が麺つゆを飲んだかどうかが問題ではなく、その危険が生じたかどうかが問題なのだ。——三輪美和『天空のサラリーマン』(漏電出版)八三頁もちろん、特定秘密保護法に全く問題がないわけではない。特に、国家公務員法では処罰対象になっていない「扇動」が処罰対象になっている点には注意が必要である。

「教唆」・「そそのかし」と「扇動」は、一般用語としては明快に区別できないかもしれないが、法律用語としてはかなり違う意味を持っている。「教唆」や「そそのかし」は、正犯が実際に秘密を漏えいしないと成立しない犯罪である。正犯とは、そそのかされて実際に犯罪をする人という意味で、今の文脈では、秘密を漏えいする公務員である。

他方、「扇動」は、正犯が漏えい行為に及ばなくても、漏えいの危険を生じさせただけで処罰対象になる。「扇動」を安易に認定すれば、国家にとって不都合な取材活動をする者がすべて、処罰される可能性が生じてしまう。例えば、ある新聞が社説で「政府は積極的に安全保障に関する情報公開をすべきだ」と書いたとしよう。これが特定秘密漏えいの「扇動」だと認定され、処罰されてはたまったものではないだろう。

こうした不当な処罰の可能性を排除するために、「扇動」はかなり限定して解釈すべきである。一般的には、「扇動」は、実際に犯罪が行われる危険が現実に存在し、また、その存在が誰でも認識できるくらいに明白な場合にのみ認定される、と言われている。こうした危険のことを、専門用語で「明白かつ現在の危険」と言う(9)。

特定秘密保護法についても、「扇動」とは、「明白かつ現在の危険がある状況での扇動のみを言う」と厳密に解釈すべきだろう。こう解釈すれば、社説を書いた程度で処罰されることはあり得ない。今後、このような解釈が採用されるよう、注意深く監視する必要があろう。

また、正犯が行為に及んでいない段階で刑罰を科すことが正当化されるのは、重大犯罪についてのみである。例えば、従来、扇動が処罰対象となるのは、内乱罪や外患罪などの極めて重大な犯罪に限られていた（破壊活動防止法三八条一項）。「扇動」を処罰対象にするなら、「特定秘密」の漏えいは内乱罪や外患罪などに匹敵する重大犯罪だということになろう。とすれば、その法律で保護される情報は、それを漏えいすれば内乱・外患に匹敵する深刻な事態を招く情報に限定されねばならない。

特定秘密保護法については、このような極めて限定的な解釈をするのが自然である。

さらに、「特定秘密」指定の適法性を判断する裁判所の態度も注視する必要がある。

特定秘密保護法とは直接の関係はないが、つい先日（二〇一四年一月一五日）のムスリム情報収集に関する東京地裁判決では、ムスリムだというだけで、テロ組織との関連性を疑い情報収集することに、「合理性」ありとする判断が示された。殺人犯と同じ宗教を信じている人は、すべて怪しいというロジックである。

こうした妄想のようなロジックで「合理性」を肯定したのでは、「安全保障に重大な支障」という特定秘密指定の要件はほとんど機能しなくなる畏《おそ》れがある。そして、4節に見たように、外務省秘密電文漏えい事件判決の実質秘性の判断も、疑問の余地の残るものだった。裁判所が厳密に解釈する態度をとらない現状では、特定秘密保護法に一般市民が危惧を覚えるのもやむを得ない面があろう。

このように「扇動」や指定条件の解釈、裁判所の秘密性の判断については、今後も注視していく必要がある。

おわりに

その日の体育祭実行委員会は大荒れだった。プログラムに騎馬戦を入れようとすると、「殴り合いになって大変だ」、二人三脚は「コースに罠仕掛ける奴が出てくるから止めよう」、長縄には「去年、縄にカミソリを仕込む妨害工作があった」と意見が出る。

「体育祭のせいで、何人もの生徒が怪我してきたからなあ」という発言に、皆が深く頷いた。

しかし、生徒の怪我の原因は、本当に、体育祭なのだろうか……。

——巻真紀『木曜日に妄想を求めて』(漏電出版)三二頁

ここまで論じてきたように、特定秘密保護法の条文内容自体には、大きな問題はない。では、なぜこの程度の法案の必要性を、政府は国民に説明できなかったのだろうか、という根本的な疑問が生じてくる。言葉が足りなかったのだろうか。しかし、冒頭に上げたように、衆議院の特別委員会では、法案に問題点がないとする専門家の議論も提示されていたし、様々なメディアで法案について徹底的な分析がなされていた。

そうすると、特定秘密保護法への批判というのは、法律の中身というより、漠然とした政府不信の表現だったと理解するのが妥当ではないだろうか。特定秘密保護法反対運動は、法案それ自体というより、政府の姿勢と戦うものだったのである。

内容に問題のない法案が、政府への不信感から強い批判を受ける。こうした事態は、決して軽視できるものではない。こうした政府不信を放置すれば、日本の立法や行政を麻痺《まひ》させてしまい、国家業務が実現できなくなる。特定秘密保護法の成立過程は、法の内容自体の分析の必要はもちろんのこと、そこで表明された強い政府不信をどう解消していくか、という非常に重要な問題を我々に突き付けている。

（1）治安維持法は、社会主義結社を結成した一般市民に刑罰を科す法律であるのに対し、特定秘密保護法は、主として秘密を漏えいした公務員を罰するものである。内容はかなり異なっている。治安維持法が、いかにひどい法律であったかについては、奥平康弘『治安維持法小史』（岩波現代文庫、二〇〇六年）を参照。
（2）もっとも、無罪推定を原則とする日本の刑事訴訟法では、検察側が、漏洩した情報を特定し、それが「特定秘密」指定の条件を充たすものであったことを立証する必要がある。このため、そうした事態は生じ得ない。

（3）以下に引用する漏電出版の作品は、いずれも架空の作品である。

（4）この事件について詳細な解説として、巻美矢紀「取材の自由と国家秘密」長谷部恭男他編『メディア判例百選（第二版）』（別冊ジュリストNo.241、二〇一八年）一〇―一一頁参照。

（5）日本国憲法には、「知る権利」という文言は出てこない。しかし、憲法に明文がなくとも、それを保障すべき十分な根拠のある権利については、権利保障の一般条項である憲法一三条により保障されると理解されている。このため、「知る権利」は憲法一三条により保障される、という見解が一般的である。また、表現の自由を保障する憲法二一条一項や、公務員選定罷免権を保障する憲法一五条一項を根拠とする見解もある。憲法上の「知る権利」に関する位置づけについては、奥平康弘『知る権利』（岩波書店、一九七九年）第一章を参照。

（6）高橋和之『立憲主義と日本国憲法（第五版）』（有斐閣、二〇二〇年）二一八頁以下、長谷部恭男『憲法（第七版）』（新世社、二〇一八年）二〇三頁以下。

（7）正当業務行為の概念については、山口厚『刑法（第三版）』（有斐閣、二〇一五年）六一頁以下、外務省秘密電文漏えい事件判決については、同一〇四頁参照。

（8）秘密漏えいの「そそのかし」または「教唆」は、故意犯である。故意犯とは、簡単に言えば、違法行為だと認識した上での犯罪である。これと対比されるのは過失犯と呼ばれ、違法行為をする認識のないまま過ってやってしまう犯罪である。

（9）明白かつ現在の危険の概念については、芦部信喜『憲法Ⅲ　人権各論（1）増補版』（有斐閣、二〇〇〇年）四一三頁以下。

生の線引きに抗して

本章では、「憲法上の権利」に関する論証を行う。数学に多くの証明方法があるように、法学にもいろいろな論証方法がある。

例えば、「『婚姻は、両性の合意のみに基いて成立』すると定める憲法二四条一項は、同性婚を禁じているか?」という論点がある。ポピュラーな論証は、「憲法二四条一項は、親の同意などがなくても、当事者の意思だけで婚姻が成立することを示すために作られた条文だから、同性婚禁止の趣旨を含まない」と、歴史的経緯から説明する。

他方、私は、数学の背理法に相当する論証を好む。背理法とは、「あなたの言っていることを前提にすると、こんな不合理なこと、矛盾することが起きます。だから、あなたの言っていることは間違いです」という証明法だ。反論できないという意味では強力だが、なんだか意地悪さを感じる論法だ。これが好きな私は、相当に性格が悪いと言えよう。

しかし、憲法上の権利が必要となるのは、個人の人権が蹂躙され、統治権力が正義に反する形で行使されようとする局面だ。世の中は、素直な話に納得する人ばかりではない。「気に入らないが反論できない」論証も必要だ。憲法学者は、性格の悪さを正義のために役立てられる楽しい仕事でもある。

「個人の尊重」を定着させるために

二〇一六年七月二六日の知的障害者施設での事件は、我々に大きな衝撃を与えた。この事件に関しては、精神病理や麻薬の影響、社会福祉の現状など、様々な観点から分析・検討されている。私は憲法学の研究者として、「憲法的価値」の観点から考えてみたい。

1　テロとヘイトクライム

大量殺人というと、我々はテロやヘイトクライムを真っ先に思い浮かべるかもしれない。しかし、この事件は、テロやヘイトクライムとは性質が異なるように思われる。

まず、テロは、社会に恐怖を与えることで、人々を操作し、政治目的を達成しようとする、言わば大規模な脅迫だ。殺人は手段であって、目的ではない。しかし、今回の容疑者は、政府に要求を突き付けているわけではなく、障害者の殺害自体が目的だった。

また、ヘイトクライムは、特定の性質を有する人々に対する蔑視感情や憎悪に基づく犯罪だ。特定の人種や同性愛者をターゲットにした殺人や暴行などが、その典型とされる。今回の事件も、一見すると、障害者差別に起因するヘイトクライムに見える。しかし、報道を見る限り、容疑者の言動は、障害者への差別や憎悪といった不合理な感情や衝動に基づくものではなく、一貫した論理に基づくもののように思われる。

2　優生学の「合理性」

多くの人が指摘するように、今回の事件から連想すべきは優生学だろう。優生学とは、人間の生を、国家や社会にとって有意義なものとそうでないものに分別し、後者を排除しようとする思想だ。ナチスドイツが、優生思想に基づき、障害者や特定人種の大量殺人を行ったことは、広く知られている。

現代を生きる我々は、「ナチスドイツによる優生学に基づく殺人は、ドイツ社会の狂気の帰結だった」と考えたくなるところだ。しかし、米本昌平氏は、著書『遺伝管理社会』（弘文堂）の中で、「ほとんどのドイツ人が、ナチス時代の一二年余の長きにわたって、しかもこのときだけ発狂していた」との解釈はおよそ不合理だと指摘する。そして、「悲劇を成立させてしまった真の原因を摘出してみせる」必要があると述べる（同書二六―二八頁）。

優生学が厄介なのは、それが不合理な感情論や狂気がもたらしたものではなく、合理性を突き詰めた発想だという点だ。すなわち、国家が狭い視野に基づいて、例えば、経済発展や軍事的勝利などを至上命題とするならば、「足手まとい」に見える生はいろいろある。ナチスは、障害者を「国家の発展のために排除されるべき生」と位置づけ、虐殺したのだ。

3 何が必要なのか?

今回の事件では、精神疾患による措置入院の過去が容疑者にあったため、措置入院の厳格化が議論されたり、障害者施設の警備強化に注目が集まりがちだ。しかし、この悲劇を二度と繰り返さないためには、優生思想にどう向き合っていくかが問われねばならない。

では、「人の命はすべて尊く、いらない命はありません。優生思想は誤っています」と唱えれば、問題は解決するだろうか。おそらく無理だろう。優生思想は、「人の命はすべて尊い」という価値観を否定する。「重度の障害者は、人の手を煩わせるばかりで何の生産性もない。コミュニケーションすらできない。そんな人に価値はない」と考える人にとっては、何の説得力もないだろう。

優生思想を克服するには、「そんな発想は誤りだ」と非難するのではなく、その合理性をさらに突き詰めた時の結論と向き合うしかない。

障害者を排除すれば、障害者の支援に充《あ》てていた資源を、他の国家的な目標を実現するために使えるだろう。しかし、それを一度許せば、次は、「生産性が低い者」や「自立の気概が弱い者」が排除の対象になる。また、どんな人でも、社会全体と緊張関係のある価値や事情を持っているものだ。タバコを吸う人、政府を批判する人なども、社会の足手まといと看做《みな》されるだろう。国家の足手まといだからと、誰か一人でも切り捨てを認めたならば、その切り捨ては際限なく拡大し、あらゆる人の生が危機にさらされてしまう。だから、人の命に価値序列をつけることは許されないのだ。

4　遺伝子によるプロファイリング

このように言っても、「そのような野蛮な思想は前世紀の遺物にすぎない」と、生の選抜の危険をリアルに感じられない人も多いだろう。しかし、プライバシー権の研究者たちは、今後、個人の遺伝情報についての深刻なプライバシー問題が生じるだろうと予測している（山本龍彦「ビッグデータ社会とプロファイリング」『論究ジュリスト』二〇一六年夏号参照）。

遺伝子情報の解読が進み、高度に発展した情報処理技術を使えば、巨大なデータベースを作ることができる。個人の遺伝子から、「この人は犯罪を起こしやすい」、「この人は会社に貢献しやすい」、「この人は組織での仕事に向かない」といったプロファイリングができるようになる。企業や国家は、遺伝子情報を収集して、雇用や許認可の場面で利用するようになるかもしれない。遺伝子情報による生の選抜が行われる恐れもある。

「そうなっても、私は優秀だから大丈夫」と思う人もいるかもしれない。しかし、将来、どのような遺伝子情報に基づき排除が行われるのかは、あらかじめ予測することは困難だ。思いがけない遺伝子が、社会から排除されるきっかけになるかもしれない。

そして、遺伝子情報の蓄積も、ビッグデータ社会の進展も、極めて便利なプラスの側面があるから、「生の選抜に使われるおそれがある」という理由で、その開発を押しとどめることは難しい。

5 人間の尊厳と個人の尊重

生の選抜の危険を回避するためには、国家的な価値に基づく「人の生の選別・序列」そのものをやめる必要がある。つまり、「個人の尊重」という価値を、他のあらゆる国家的価値に優先させねばならない。

ドイツではナチスへの反省から、憲法一条に、「人間の尊厳」が規定された（ドイツ連邦共和国基本法一条一項一文）。この価値は、ドイツの憲法秩序の中心・最高の価値とされているのだ。ドイツ憲法裁判所の判例によれば、「人間の尊厳」とは、人間を単なる「客体」として扱うことの禁止を言う。「客体」として扱うとは、それ自体の持つ価値を否定し、何か別の価値に従属させることを言う。奴隷的拘束や人身売買はもちろん、人間を単なる経済成長の道具と看做したり、遊具の一種と扱ったりする行為は、「人間の尊厳」の尊重に違反する。さらに、国家は、自ら

「人間の尊厳」を侵害してはならないのみならず、それを傷つけようとする私人から保護する義務も負っている（同二文）。

日本国憲法も、国民の権利を保障する第三章の総則として、「すべて国民は個人として尊重される」と規定した（憲法一三条）。この規定は、個人を、「経済活動に役立つから」とか「国益に貢献するから」ではなく、ただ、「個人だから」という理由だけで尊重すべきことを定めている。

「客体化の否定」という観点から見るとき、優生思想を否定する理由は、そもそも「人の価値」を論じること自体が誤りだからだ。善意の人が、「障害者もみんなを笑顔にしてくれる」とか、「障害者も経済活動に貢献できる」などと議論をするのを見ることがあるが、それは、知らず知らずのうちに優生思想のペースに乗せられてしまっているということになろう。

6　依存症からの解放

相模原の事件は、我々の社会が、「個人の尊重」という憲法的価値を定着させることに失敗している可能性を示している。では、我々は、どうすればよいのか。

著名な俳優・映画監督であるクリント・イーストウッド氏は、米大統領選に関連して、興味深い発言をした。彼は、人種差別や女性差別を躊躇《ちゅうちょ》しないトランプ氏が共和党大統領候補になり、熱狂的な支持を集める現象について、「内心ではみんなポリティカルコレクトネスに媚《こ》びるのはうんざりしているんだ」と言ったのだ（ハフィントンポスト二〇一六年八月五日）。

ポリティカルコレクトネスにうんざりすることと、差別発言を躊躇しない人物を大統領にすることとの間には相当な距離があるにもかかわらず、なぜその二つが結びついてしまうのか。これは、ポリティカルコレクトネスのお説教が、ある種の依存症を生み出すことを示しているのではないか。

依存症とは、要するに、コミュニケーションの相手、つまり友達がいなくなってしまい、ギャンブルとかアルコールだけが友達になってしまう状況だろう。ポリティカルコレクトネスが支配する空間では、差別発言をすれば、みんなによってたかって糾弾《きゅうだん》される。だから、少しでも差別と見られそうな考え方を持ってしまった人は、通常の友達とのコミュニケーションが遮断される。そして、暴言癖《へき》のトランプ氏だけがお友達になってしまう。「ポリティカルコレクトネスにうんざり」という気分は、差別の禁止に限らず、憲法九条の平和主義や普遍的な人権の尊重、個人の尊重といった概念にもあてはまるだろう（ヘイトスピーチと依存症については、大澤真幸・木村草太『憲法の条件』ＮＨＫ出版新書を参照）。

「個人の尊重」を定着させるには、トランプ氏の差別発言に見られるような「素朴な粗野」に対して、「お前は間違っている」と頭ごなしにお説教したくなる衝動を抑える必要がある。その「素朴な粗野」を受け止め、彼らの主張の中にある合理性をさらに突き詰めた時の結論と向き合う機会を確保する。そうしたプロセスを繰り返す手間を惜しんでは、差別や暴言への依存から解放することは難しいだろう。

ひょっとしたら、ポリティカリーコレクトの側こそが、「頭ごなしのお説教」への依存から解放される必要があるのかもしれない。

女性の能力を尊重し活用するために

スポーツでも文化活動でも、女性が活躍すると、「美人ゴルファー」「美人棋士」「美人バイオリニスト」「美人経営者」等々、しばしば容姿に注目が集まる。このことは、しばしばフェミニズムから批判される。

ただ、容姿に注目が集まるのは、案外、女性に限らない。活躍する男性は、「イケメン○○」と呼ばれることがしばしばある。羽生結弦選手のファン（どこからを「ファン」というべきかはともかく、「自分は羽生選手のファンだ」と自任している人々）の中には、彼の容姿の美しさに強く惹かれている一方、フリップジャンプとトゥループジャンプの違いが分からないという人もいるのではないか。羽生選手と並べるのはおこがましいが、私ですら、かつての「ほぼ坊主」から髪を伸ばしたところ、憲法の話とは全く関係なく、「髪を伸ばしましたね」「今の（前の）髪型の方が良いですよ」等々と言われることも多い。

好感度を上げるために見た目に気を遣《つか》うことそれ自体は、性別にかかわらず、必ずしも悪いことではないはずだ。問題なのは、女性の知的能力や身体的能力を軽く見てしまう社会の傾向だ。「イケメン○○」に比べ、「美人○○」等の表現が目立つのも、女性については、容姿にばかり関心が行きがちで、能力への関心が相対的に低いからだろう。

では、こうした女性の能力への関心の低さは、何をもたらしているだろうか。

私は、大阪弁護士会が主催するイベントで、「クローズアップ現代」のキャスターを長年務めた国谷裕子さんとご一緒したことがある。打ち合わせには、私の妻が同席していた。妻は、東大法学部をかなり優秀な成績で卒業した高学歴女性だが、その経歴から推測されるような働き方をしていない。

妻は何とはなしに、そのことを国谷さんに謝っていた。そして、国谷さんは「謝らなくていいのよ」と柔らかく返事していた。その短い会話の意味が、私には今一つピンとこなかったが、その後、国谷さんのインタビュー記事（日経ウーマンオンライン二〇一六年四月二二日）を目にして、合点がいった。

国谷さんは、素晴らしいキャスターで、番組のために事前準備を尽くす人だ。あの完成度の番組を作り続けるには、スタッフも多忙を極めたことだろう。国谷さんは、産休明けの女性スタッフから「活躍できていなくて、すみません」と謝られた経験があり、長時間労働をいとわず働き続けたご自身のことを、「悪いロールモデルだった」と考えていらっしゃるらしい。国谷さんは、初めて会った妻の短い言葉に、あの女性スタッフが感じていた罪悪感を読み取ったのだろう。

私は、国谷さんという、英語も異文化コミュニケーションも苦にせず、常人では太刀《たち》打ちできないくらいに頭の回転が速いスーパーウーマンが、それこそ「男勝りに」大活躍できることは、とても重要だと思う。彼女のおかげで、「報道現場で自分も超一流になれる可能性がある」と希望を持てた女性も多いはずだ。ただ、ワークライフバランスを極端に仕事側に傾けないと活躍できない社会は、多くの女性にとってしんどいのも確かだ（実は、男性にとってもしんどい）。

一般的な傾向としては、女性の方が、視野が広くて繊細な考慮ができるから、家事も上手いことが多い。男性はそれに甘えがちだし（自戒を込めて）、社会も、それを計算に入れて制度を作る。このため、有能な女性が主婦に「甘んじる」と言わざるを得ない状況が出てくる。

もし、社会が女性たちの「能力」に強い関心を持つなら、こうした状況を改善しようとする力が働くはずだ。企業や官公庁は休暇制度や子育て支援を充実させるだろう。社会には、「家事を女性に押し付けることは、男性がその女性の貴重な能力を独占するもので、恥ずかしく不当なことだ」という規範が広がるだろう。

「長時間労働をいとわない女性」にしろ、「家庭とのバランスを取ろうとする女性」にしろ、彼女たちが罪悪感を持たねばならない社会など、絶対に間違っている。そして、その罪悪感は、男性にだって他人事ではない。

生活保護を譲るために

今、生活保護費の引き下げの違憲・違法を訴える訴訟が、全国各地で進んでいる。二〇一二年末の衆議院議員総選挙で、生活保護給付水準一割カットを公約した自民党は、政権復帰を果たし、二〇一三年八月、生活扶助基準を引き下げた。過去に例のない下げ幅で、算定根拠には疑義が残る。

例えば、稲葉剛「歪められた行政、抵抗できなかった厚労官僚」(『論座』二〇一七年七月二七日)は、森友問題、加計問題と並び、「安倍政権の政治的な圧力によって行政のあるべき姿が歪められた事例」だと言う。

憲法二五条は、「健康で文化的な最低限度の生活」を営む権利を保障し、生活保護制度がこれを具体化している。訴訟の争点となっている「生活扶助」とは、住居費や教育費以外の日常生活費用を援助するものだ。その具体的な給付基準は厚労相が定めるが、当然その決定は恣《し》意《い》的であってはならない。判例・通説は、合理的な根拠・資料なしに基準を定めれば違憲・違法だとする。

生活扶助基準の算定方法はいろいろあるが、一九八四年より約三〇年にわたって、「消費水準均衡方式」が採用されてきた。これは、各世帯の消費支出を調査し、「一般世帯」、「生活保護世帯」などの数値を比較し、その均衡を図りながら基準額を定める方式だ。

今回の切り下げにあたり、厚労省は消費水準均衡方式をベースとしつつ、①「収入下位一〇%の一般世帯」の消費支出との均衡、②二〇〇八年から一一年にかけての物価下落率四・七八%を加味することとした。しかし、この二要素は、引き下げの根拠としては不適切だ。

まず、二〇一四年の生活保護受給世帯は一六〇万世帯、およそ二一六万人だが、捕捉率は二〇%程度だと言われている。つまり、「収入下位一〇%の一般世帯」には、生活保護利用資格があるのに、利用できていない世帯がかなり含まれている。にもかかわらず、生活扶助基準を「収入下位一〇%の一般世帯」に合わせたら、基準額は際限なく低下してしまう。

また、四・七八%もの物価下落は、我々の実感に反する。実はこの指標は、総務省が長年発表してきた指標ではなく、厚労省が今回の引き下げに際して独自に算定したものだ。この指標には、比較の基準年と考慮品目のウェートを恣意的に操作しているとの指摘がある。（例えば、原昌平「生活扶助の引き下げに合理的な根拠はあったか?」『ヨミドクター』二〇一五年一二月四日、白井康彦

『生活保護削減のための物価偽装を糾す！』あけび書房）。

さらに、物価下落があれば、通常は一般世帯の消費支出も減る。つまり、物価下落は既に消費水準均衡方式の基準額算定に反映されているはずだ。それに加えて、物価下落を反映させて基準額を算定すれば、物価下落の二重計上となる。

もちろん、社会状況によっては生活保護基準額を下げるべき場合もある。しかし、今回の引き下げは、合理的な資料・根拠に基づくものとは到底言えない。生活保護バッシングの風潮に便乗した、不当なものだったように思われる。

二〇一八年度は、五年に一度の基準額見直し期になる。生活保護世帯の子どもが大学進学しやすくするため、世帯分離をしても住宅扶助は引き下げないようにする、などといった前向きな提案も、厚労省から出てきてはいる。ただ、全体としては、さらなる引き下げの方向に話が進みそうだ。

いまは何とか生活を自分で支えられている人も、不慮《ふりょ》の事故や病気がきっかけで、生活に窮《きゅう》する可能性はある。生活保護に頼れなければ、将来不安がすべての人を追い詰める。生活保護は生活困窮者だけでなく、すべての人にとっての最後の砦《とりで》だ。

憲法が、単なる「最低限度の生活」ではなく、「健康で文化的な最低限度の生活」を保障した意味を考えてほしい。いま国民的な議論をしなければ、生活困窮者の命が危ない。

同性婚制度の不在を考える

二〇一八年七月三〇日、立憲民主党は、同性婚の法制化に取り組む方針を発表した。同性婚の法制化については、「婚姻は、両性の合意のみに基いて成立」すると定めた憲法二四条に違反すると誤解している人が意外に多い。その誤解を正しておこう。

旧憲法・民法の下では、婚姻の成立に家制度における「戸主」の同意が必要とされていた。また、女性に対する婚姻強要も多かった。連合国軍総司令部（ＧＨＱ）案作成に関わったベアテ・シロタ氏はこの状況を憂《うれ》え、男女両当事者の婚姻意思を尊重する条文を起草した。日本側も受け入れ、現在の憲法二四条が成立した。

制定経緯からすると、同条が禁じるのは同性婚ではない。当事者、特に女性の意思に反する婚姻だ。憲法学の通説も、そう解する。最も権威ある憲法解説書である法学協会『註解日本国憲法』（有斐閣）は、憲法二四条は婚姻が「第三者の意思に」「干渉されない」ことを示したとする。最高裁判例も、同条は婚姻が「当事者間の自由かつ平等な意思決定に委ねられるべき」ことを規定したものとする（二〇一五年一二月一六日大法廷判決）。

では、憲法二四条は、同性婚を積極的に保護することを求めているか。通説は、同条の「婚姻」は異性婚を指し、同性婚を保護せずとも違憲とまでは言えないとする。例えば、長谷部恭男氏の教科書『憲法』（新世社）は「憲法は同性愛者間の家庭生活を異性婚のそれと同程度に配慮に値するものとは考えていない」と言う。

この点、政府解釈も、「同性カップルに（憲法二四条にいう）婚姻の成立を認めることは想定されておりません」とする（二〇一五年二月一八日の参院本会議、安倍首相答弁）。これは、憲法二四条の「婚姻」は異性婚の意味だとする通説を前提に、同性間での異性婚の成立は想定できず、同条の保護は同性婚に及ばないとしたものと解される。

確かに、男女の不平等が存在しえない同性カップルでは、憲法二四条を適用する必要もない。もっとも、最高裁判例は夫婦別姓訴訟判決において、「当事者」の合意を強調しつつ、「男女の合意」という言い方を慎重に回避した。同性婚に憲法二四条の保護を及ぼすことに含みを残す。

通説・政府解釈は、憲法二四条の保護は同性婚に及ばないとするが、これは、同性カップルの婚姻に法律上の効力を認めると違憲になる、という意味ではない。木下智史氏は共著『新・コンメンタール憲法』（日本評論社）で、同性婚に憲法二四条の保護を及ぼさないことと、同性婚に法律婚の地位を与えることを禁じることは異なるとし、「同性婚に法律婚としての地位を与えるかどうかは、法律に委ねられている」とする。芦部信喜『憲法学』（有斐閣）、奥平康弘『憲法Ⅲ』（有斐閣）、佐藤幸治『日本国憲法論』（成文堂）などの著名な教科書にも、同性婚に法的効力を認める法律が違憲無効だとする記述はない。

他方、同性婚を認めないことに、違憲の疑いをかける学説も増えてきている。例えば、宍戸常寿氏は共著『憲法Ⅰ』（日本評論社）の中で、異性婚と同性婚の保護の不平等は「合理的な根拠」がない限り、平等権侵害になると指摘する。また、高橋和之『立憲主義と日本国憲法』（有斐閣）は、同性婚の権利を自己決定権として保護する解釈を検討すべきだとし、松井茂記『日本国憲法』（有斐閣）は「同性間の結婚が許されないのであれば、その合憲性が問題とされよう」と述べる。辻村みよ子『憲法』（日本評論社）も、同性婚制度の不在は「一三条（個人の尊重）、一四条（差別の禁止）」から「問題」だとする。

このように、通説・判例・政府解釈は、同性婚違憲説をとっていない。むしろ、同性カップルの保護不足に違憲の疑いが強まっている。婚姻は、個人のアイデンティティーのよりどころ、生活基盤となり得る重大な事項だ。婚姻するかしないかは自由だが、「その選択権がそもそもない」という状況は、早急に解消すべきだろう。

共同親権の導入を考える

離婚後も未成年の子について共同親権を継続できるようにすべき、との提案が一部でなされている。離婚後も子どもの父・母であることに変わりはなく、共同親権の継続は一見、理想的に思える。実際、そうした制度を採る国も多い。ただ、子の福祉の観点から見た時、共同親権の導入にはなお慎重な検討が必要だ。

まず、親権とは何か。時々誤解されているが、親権がなくても法的親子関係に変わりはなく、親には養育費を支払う義務などがある。法的な親権とは、子どもと同居して身の回りの世話や教育をする「監護権」(民法八二〇条)と、進学先の決定・居所指定・職業選択・財産管理などを行う「重要事項決定権」(民法八二〇〜八二四条)のことだ。

このうち、離婚後の父母は別居が一般的である以上、監護権の共同行使は困難だ。諸外国でも、監護権は一方の親のみに与え、別居親とは「月に何回、何時間、どこで会う」といった面会交流条件を取り決めるのが一般的だ。日本法にも面会交流の規定がある（民法七六六条）。父母の合意があれば、それに従って面会交流ができる。もちろん宿泊も可能だ。さらに、合意がなくとも、裁判所が子どもにとって最善だと判断すれば、面会交流を命じることもできる。つまり、監護権については、日本と諸外国で大きな違いはない。面会交流が不十分だとすれば、必要なのは共同親権ではない。安価で安心して使える面会場、父母を仲介する機関、離婚に伴う子の心理的負担を軽減するケアなどを充実させることだ。

日本法の特徴は、重要事項決定権を共同行使できないことだ。ただ、重要事項決定権の共同行使は、必ずしも子どもの利益に適《かな》うとは言えない。離婚後の父母に協力関係がないと、子についての意思決定がスムーズにできなくなるからだ。国会の答弁でも、安倍晋三首相や山下貴司法相は、この点を強調していた。

特に、別居親にＤＶや虐待が認められるケースでは、「進学に同意してほしければ言うことを聞け」などと、同意権を濫用《らんよう》して、ＤＶや虐待が継続する危険が生じる。日本のＤＶ防止法は、諸外国と比べ、被害者保護が不十分だと指摘されている。例えば、ＤＶ加害者を家から追い出し、被害者の安全を確保するような実効的な仕組みがない。このため、被害者は大きな負担を覚悟して、加害者から逃げるしか道がない。また、身体的暴力のみが保護命令の対象とされ、精神的な暴力や経済的な暴力は対象になっていない。

子どもの福祉に適う共同親権制度を構築しようとするならば、共同親権に適さないケースを排除する方法が確立されねばならない。

まず必要なのは、父母の関係が良好で、子どもの福祉に適う、父母の明確かつ真摯《しんし》な合意がある場合に限ることだ。父母間に高葛藤があると、重要事項の意思決定ができなくなり、面会交流する子どもにとっても大きな心理的負担となるからだ。

また、家庭裁判所の大幅な人員増強、予算拡大も必要だ。日本では未成年の子がいる父母の離婚が例年一〇万件以上あるとみられる。共同親権になれば、離婚時あるいは重要事項の決定に争いが生じた時に共同親権が子どもの福祉に適っているかを裁判所が判断せねばならなくなる。

単独親権制度の下でも、離婚後の父母の関係が良好なら、親権の所在にかかわりなく、子と交流し、重要事項を協力して決定しているはずだ。つまり、離婚後共同親権の導入により、それを適切に活用できるような離婚父母にとって、共同親権制度導入から得られるものは小さい。逆に、十分なＤＶ・虐待対策や、家庭裁判所の予算拡大の当てもないままに共同親権制度を導入すれば、子の福祉が害されるだろう。

子の福祉にとって急務なのは、共同親権ではなく、ＤＶ・虐待対策を含めた、離婚家庭への公的な精神的・経済的支援なのは確かだ。

死刑違憲論を考える

はじめに

二〇一八年七月六日、松本智津夫死刑囚を含むオウム真理教関係者七名の死刑が執行された。豪雨災害が進行中であったこと、七名を同日に執行したこと、担当の法務大臣が前日に自民党議員との酒宴に参加していたこと（さらに、参加議員のＳＮＳに、楽しそうな様子の写真が掲載されたこと）、テレビ局が死刑囚の顔写真を表示したボードに次々と「執行」のシールを張っていく演出を行ったことなどには批判がある。こうした批判はいずれも妥当であり、死刑存置の是非にかかわらず、今後の教訓とすべきものと思う。

これに対して、死刑執行そのものは、確定した死刑判決に基づくものである以上、現在の日本の法制度を前提とする限り、避けがたい。オウム真理教の起こした事件が、史上屈指の凶悪犯罪であったこともあり、特に松本死刑囚への死刑執行については、当然のものとする声が多かった。

もっとも、死刑廃止に熱心に取り組むEUやEU諸国からは、今回の死刑執行に批判の声が集まった（死刑に関する国際的な動向は、高山佳奈子「死刑制度をめぐる問題」『法律時報』第八四巻五号、二〇一二年が詳しい）。国内でも、死刑制度に疑問の声が上がっていないわけではない。二〇一六年には、日本弁護士連合会が、「死刑制度の廃止を含む刑罰制度全体の改革を求める宣言」を採択している。二〇一七年の共謀罪立法の折には、国際組織犯罪防止条約（TOC条約又はパレルモ条約とも呼ばれる）に参加するために必要なのは、死刑廃止国との国際協力を強化するための死刑廃止ではないかという指摘もあった。

では、死刑には、どのような問題があるのか。この点は、刑事政策論や刑法理論のみならず、憲法論からも検討されるべきだろう。憲法は、あらゆる個人を個人として尊重し、基本的人権を保障するための法である。死刑制度が個人の尊重の理念と厳しい緊張関係にあることは、否定しがたい。改めて、死刑制度の合憲性を検討しておくことは、死刑制度と人権の関係を理解する上で有益だと思われる。

1　死刑廃止論と死刑違憲論

かつて、奥平康弘教授は、次のように述べた。

……法律家のあいだに死刑廃止論に与する有力な動きが見られ、とりわけ刑事法学者による英知を傾けた廃止論が多くの人々の共感を呼んでいる（ここでは団藤重光『死刑廃止論』〈有斐閣、一九九一年。第三版一九九三年〉をとくに挙げておく）。これら法律学者による死刑廃止論に対比して、憲法学者のあいだから死刑違憲論が出てこないのは、けしからん、憲法学者はいちじるしく怠慢である、といった非難が聞かれるようになった。しかしながら、死刑廃止論と死刑違憲論とはいささか趣を異にしており、あえて言えば、あるいは概して言えば、後者のほうがむずかしい。前者は、政治意識、政治運動の高揚をバックに、立法府へはたらきかけることによって将来に向かって立法的解決をもとめてゆくための理論構築作業であるが、後者は、いっさいの政治的背景を借りることなしに、法論理、法規範の問題としていま即刻、裁判所が採用すべき理屈を考案しなければならない運命にある（奥平康弘『憲法Ⅲ　憲法が保障する権利』有斐閣、一九九三年、三七六頁）。

死刑廃止論は、説得力のある死刑廃止の理由を説けばよい。その際、持ち出してよい理由には限定がない。人道上の理由でも、「死刑を廃止した方が却って治安がよくなる」といった功利主義的な理由でもよい。

これに対し、死刑違憲論は、「実定憲法を根拠にしなければならない」という制約の下で展開しなければならない。さらに、後述するように、日本国憲法には、死刑存置を想定したかのような条文もあり、死刑違憲論のハードルは高い。

それにもかかわらず、死刑違憲論を展開する必要があるのだろうか。

ここで、日本国民の世論について考えてみよう。死刑執行があるたびに、「あんな悪いやつは、殺されて当然だ」との声が上がるのを見ていると、世論には死刑存置論が根強いように思われる。そうだとすれば、日本国民の多数派を納得させる死刑廃止論を組み立てるよりも、最高裁判所を説得できる死刑違憲論を組み立てる方が、まだ楽なのではないか、とすら思ってしまう。

確かに、裁判所が粛々と死刑判決を書き続けてきた事実を考えると、死刑合憲は当然だとも思える。しかし、「これまでやってきた」という先入観を取り払ってみると、死刑違憲論にはかなり説得力があるように思われる。死刑違憲論を検討してみよう。

2 絶対保障を受ける権利と死刑違憲論

日本の憲法学説の多くは、死刑合憲論を支持してきた。しかし、近年、従来の議論に見直しを迫る新しい議論も提出されている。私が、特に重要と考えるのが、小林孝輔教授の次のような議論である。

残虐な刑罰とはなにをいうかについてはむつかしいが、生命を奪うことよりも残虐なことはないであろう。すべて人は、ひとしく人権を保障され、生きる権利を有する（一一条、二五条）。

したがって、犯罪による刑罰のためといえども、許されるのは、『苦役』までであって、『奴隷的拘束』は許されないのである（一八条）。奴隷的拘束すら禁じられているのに、死刑が認められるはずがない。（小林孝輔『憲法』日本評論社、一九八六年、一〇九頁）

憲法が保障する権利の中には、いかなる公共の利益を理由にしても制約できない絶対保障を受ける権利がいくつか存在する。小林教授がここで挙げる「奴隷的拘束を受けない権利」もその一つである。その他にも、拷問されない権利・残虐な刑罰を受けない権利（憲法三六条）などが、絶対保障を受けるとされる。

奴隷的拘束や拷問と死刑とを比べたとき、どちらが権利制限の程度が大きいかと問われれば、多くの人は後者だと答えるのではないだろうか。奴隷的拘束や拷問が禁じられるなら、死刑も禁じられるべきだという「まして、いわんや」型の議論は説得力がある。

この点、憲法三六条は「残虐な刑罰」を絶対的に禁じるが、死刑自体は「残虐な刑罰」と言えないというのが通説であり、最高裁は一九四八年判決（後述）で、「刑罰としての死刑そのものが、一般に直ちに同条にいわゆる残虐な刑罰に該当するとは考えられない」と結論する。しかし、例えば、目をつぶしたり、腕を切り落としたりする刑罰が「残虐な刑罰」だという点は、多くの学説が認めるところだし、最高裁もそう考えるだろう。目や腕を奪うことは違憲だが、命を奪うことは合憲だという結論もかなり奇妙だ。むしろ、死刑は「残虐な刑罰」に該当し、違憲だと考えた方が自然ではないか。

さらに、死刑には、絶対的な保障を受けるとされる内心の自由を侵害する側面もある。通説によれば、内心でものを考え、価値を形成する権利は、憲法一九条により絶対的に保障される。しかし、死刑になれば、内心は消滅し、ものを考えることはできなくなる。現在の技術では、公権力が人の内心に直接介入することは困難とされるが、死刑は、人の内心に強制的に介入する数少ない方法の一つだ。自然に考えれば、通説的な「内心の自由の絶対保障」を前提とする限り、死刑は違憲である。

このように、絶対的な保障を受ける権利を参照すると、死刑が憲法違反であることは、思いの他、明快に論証できる。

「そうは言っても、個人の生命を奪うことが正当化される事態もあり得るのではないか」という疑問もあるだろう。確かに、大量殺戮を実行中のテロリストをやむを得ず射殺するなど、いわゆる正当防衛の場合には、生命に対する権利の制限も正当化できると考えるのが自然だ。死刑を廃止した国でも、正当防衛の場合にまで、人の命を奪うことが全く許されない、とは理解されていない。

しかし、正当防衛による生命はく奪は、その者を放置すると他の者の生命が失われ、しかも、その者の生命を奪う以外に方法がない場合に限られる。こうした場合には、加害者と被害者の生命のどちらかを選ばねばならない。つまり、正当防衛における加害者の生命はく奪は、被害者の生命に対する権利を保護することの反射効《はんしゃこう》であり、加害者の生命に対する権利を積極的に奪うものとは言えない。これに対し、死刑は、受刑者の命を奪うことが、他の者の生命を救うことと直接の関係があるとまでは言えない。このため、正当防衛を許すことと、絶対保障を受ける権利の観点から、死刑の違憲を主張することは矛盾しない。

3　存在してはならない生

2節に見た議論は、奴隷的拘束を受けない権利や、内心の自由が絶対保障を受けるという前提から、形式的な論理で導かれたものである。形式論とは別に、実質論で考えても、死刑には違憲の疑いがある。

自然法の下での死刑の性質について、哲学者ジョン・ロックは、次のように述べている。

……それに対して万人の手によって科される罰を見せしめることによって、他の者が同種の、賠償によっては償い得ない加害をなさないようにするために、また、神が人類に与えた理性と共通のルールと尺度を放棄して、彼の犯した不正な暴力と殺戮により、全ての人類に戦いを宣言し、それゆえ、ライオンやトラなどの野生の獰猛な獣（beast）の一匹と同様に殺処分（destroy）にしてもよい、その者と社会も安全も形成し得ない犯罪者の試みから人間を守るために、自然状態における全ての人間は、殺人者を殺す権利を持つ。（John Locke, "Two Treatises of Government" Book II Chapter 2, §11, 1690)

ここで、ロックは、死刑は、対象をもはや人間ではない存在（「獣」）として扱うものであると明確に宣言する。もちろん、ロック自身は、死刑廃止のためではなく、むしろ、自然法下での死刑を正当化するために、犯罪者は「獣」と同じだと述べているのだが、、この議論には、死刑が対象をどのように位置づけるものかが明確に示されている。

生命を奪えば、もはやその個人は、個人として存在できなくなる。死刑は、対象を「尊重されるべき個人」ではなく、「存在してはならない生」と位置付ける。存在を否定されているのだから、国家や社会の側は、対象をどのように扱ってもよい。近代法は、「人」と「物」に分け、「物」を「人」の支配の対象とする二分法を根本的な原理とする。獣は「物」に分類されるが、死刑囚もまた「物」と同じ位置に置かれる。

しかし、個人を「獣」に分類し、尊重の対象としないことでは、日本国憲法の根幹となる「個人の尊重」という原理に反する。一度、「存在してはならない生」という概念を認めてしまえば、時の政治権力が、「社会にとって無益な人間」や「有害な民族」などを、その概念に含めてしまう危険が生じる。それは大変恐ろしいことであり、憲法一三条は、「存在してはならない生」というカテゴリーを設けることを許していないと考えるべきではないか（長谷部恭男『Interactive憲法』有斐閣、二〇〇六年。第八章は、個人の尊重からの死刑違憲論の可能性を検討している）。

そうすると、実質的に考えても、死刑は憲法一三条に違反すると言える。奴隷的拘束からの自由（憲法一八条）や内心の自由（憲法一九条）などの絶対保障を受ける権利との関係で、死刑の合憲性が説明できないのも、そもそも、他の憲法条項も、個人を「存在してはならない生」というカテゴリーに分類することを想定していないためだろう。

4　一九四八年の最高裁大法廷判決

もっとも、最高裁は、死刑は合憲との結論をとる。これは、どのような理論に基づくものか。最高裁は、「生命は尊貴である。一人の生命は、全地球よりも重い」という一文よりはじまる最大判一九四八（昭和二三年）三月一二日刑集二巻三号一九一頁（以下、一九四八年判決）にて、次のように述べて、死刑は合憲だと結論した。

……憲法第三一条によれば、国民個人の生命の尊貴といえども、法律の定める適理の手続によつて、これを奪う刑罰を科せられることが、明かに定められている。すなわち憲法は、現代多数の文化国家におけると同様に、刑罰として死刑の存置を想定し、これを是認したものと解すべきである。言葉をかえれば、死刑の威嚇力によつて一般予防をなし、死刑の執行によつて特殊な社会悪の根元を絶ち、これをもつて社会を防衛せんとしたものであり、また個体に対する人道観の上に全体に対する人道観を優位せしめ、結局社会公共の福祉のために死刑制度の存続の必要性を承認したものと解せられるのである。

この論証は、「処罰感情を満足させる」ことを合憲の理由としていない。遺族や国民の処罰感情は、しばしば死刑存置の根拠とされるが、最高裁は、感情は死刑合憲の根拠とならないと考えているのである。そもそも、処罰感情が正当な理由になるなら、遺族や国民が加害者を拷問したり、火あぶりにしたりすることを求める感情を持っていれば、それらも正当化されることになってしまう。感情論で死刑を正当化しなかった点は、法律論として妥当だろう。

判決が、死刑を正当化する理由として挙げるのは、「死刑の威嚇力によつて一般予防をな」すこと、「死刑の執行によつて特殊な社会悪の根元を絶」つこと、の二つである。

第一の「一般予防」とは、犯罪者に刑罰を科すことで、将来、同種の犯罪をしようとする者を威嚇し、犯罪を予防することを言う。他方、第二の「特殊な社会悪の根源」とは、死刑を受ける者のことを指し、受刑者の再犯防止が、死刑を正当化するもう一つの理由だという。犯罪者の再犯予防のことは、一般予防と対比して特別予防と言う。判決は、生命を奪うことで再犯を防止することは、特別予防の効果もあると言っているわけである。

しかし、一般予防・特別予防は十分な理由にならないという批判が強い。

まず、一般予防については、二つの指摘がある。第一に、死刑を自殺の手段と考える犯罪者が存在する（二〇〇一年の大阪池田小事件など）。死刑は、そうした犯罪を抑止できず、むしろ誘発の原因となる。第二に、衝動的な犯罪や、組織的に隠ぺいし尽くす計画に基づく犯罪には、死刑による抑止は働かない。死刑には強い抑止力があるとのイメージを持つ人は多いが、実際には、他の刑罰に比べそれほど強い抑止力はないという議論にも説得力がある。生命に対する権利は、憲法上の権利の中でも特に強く保障されるべき権利であり、それを制約するのであれば、一般予防の効果を明確に立証する必要がある。しかし、最高裁判決は、一般予防について十分な論拠を挙げておらず、根拠としてあやふやすぎる。

また、特別予防からも、死刑は正当化できない。そもそも、より制限的でない他の選びうる方法が存在するときは、自由の制約は正当化できないというのが、憲法解釈の基本である。再犯予防としては、当人の矯正《きょうせい》という方法もあり、無反省で翻意《ほんい》不能な再犯意思を持つ犯罪者でも、終身刑とすれば再犯を防止できる。特別予防では、死刑を正当化できない。

5　制度的保障としての死刑？

このように、一般予防と特別予防の観点からでは、死刑を合憲とする十分な根拠とはならないはずである。それにもかかわらず、判決は、今日まで覆されていない。この判決のどこにそれほどの説得力があるのか。

判決は、犯罪予防の論証は、「憲法三一条」が「死刑の存置を想定し、これを是認し」ていることを「言葉をかえ」て表現したものなのだと説明している。憲法三一条は、次のような規定である。

【憲法三一条】

何人も、法律の定める手続によらなければ、その生命若しくは自由を奪はれ、又はその他の刑罰を科せられない。

この規定を反対解釈すれば、「法律の定める手続」によれば「生命」「を奪」う「刑罰を科」してもよい、ということになる。一九四八年判決は、実際に一般予防・特別予防の機能があることを合憲の根拠とするものではなく、予防機能の有無にかかわらず、「憲法自身がそう認識して、死刑存置を認めている」ことを合憲の根拠としたものなのだ。

この点、「憲法自体が、その自由の制約を認めている」という論拠は、自由の制約を正当化する最も強い理由となる。例えば、日本国憲法第一章の定める天皇制は、天皇の地位に就く個人の人権を強く制限する。その制限を法律で定めれば当然違憲の評価を受けるが、憲法自体に根拠があることから、合憲と評価される。

このように、憲法の基本原則に反する制度の存続を、憲法が例外的に認めることを「制度的保障」と呼ぶ（制度的保障の概念については、石川健治『自由と特権の距離（増補版）』日本評論社、二〇〇七年参照）。一九四八年判決の論証は、死刑存置を憲法自体の想定とするものであり、「死刑制度に制度的保障がある」という論理に接近している。また、死刑合憲論を採る憲法学説の多くも、憲法三一条の反対解釈を論拠にしており、こうした一九四八年判決の議論と類似する。

制度的保障は、「制度を存続させないと違憲」というもので、憲法三一条は、死刑廃止を禁じているとまでは言えないかもしれない。しかし、他の憲法規定に基づく違憲論を遮断する点では、憲法三一条に基づく死刑合憲論は制度的保障論に酷似する。憲法三一条の存在は、死刑の憲法論的な検討を妨げてきたと言えるのではないか。

おわりに

死刑存置を想定しているようにも読める憲法三一条の存在は、「憲法が認めているのだから憲法論としてはしょうがない」という思考を促進し、死刑の合憲性に関する議論を妨げてきたように思われる。

死刑違憲論は、死刑制度の問題を理論的に示すために重要なもので、死刑廃止論にも重要な示唆を持つ。そうすると、憲法三一条の文言による死刑違憲論の遮断は、日本の死刑廃止論にも深刻な影響を与えてきたと考えるべきである。この点を考えると、明確な死刑禁止条項を加える改憲発議を行い、国民投票を通じて国民全体で死刑の是非を議論する機会を設けることも真剣に考えるべきだろう。

そもそも、憲法三一条は、「適正手続なしに生命を奪ってはならない」と述べているだけで、

「適正手続があれば死刑にしなければならない」とは書いていない。この条文は、死刑の存置には何も述べていないと解釈すれば、死刑違憲論は、十分に成り立つ。そろそろ、一九四八年判決の論理を根本的に見直してみるべきだろう。

天皇について

「天皇」の概念は、翻訳の難しさを理解する格好の例だ。一般には、「Emperor」と訳され、首相官邸ホームページの日本国憲法英訳版でも採用されている。

もっとも、Emperorは、ナポレオンやヴィルヘルム二世の地位を示すのに使われてきた言葉だ。彼らと、日本の天皇を並べるのは、かなり違和感がある。もっと良い訳語はないか。かつて、Google翻訳で「天・皇」と入れてみたことがある。提案された翻訳は、「Sky Emperor」。カッコよいかもしれないが、これではまるで暴走族だ。

憲法や法律上の概念は、その背景に複雑な歴史がある。安易に日常用語に翻訳してしまうとその独特の意味合いが失われてしまう。そこで法学の世界では、ドイツ語やフランス語のまま使ったり、読者が頭の中で自動的に元の外国語に翻訳できるように、不自然なほどの直訳を使ったりする。

本章では、天皇の退位問題を扱っている。「天皇をどう表現すれば外国人に伝わるか」を意識しながら読んでいただくと、理解が深まるかもしれない。

生前退位を考えるために

二〇一六年七月一三日、ＮＨＫが天皇陛下の生前退位の意向を報じた。八月八日には、ビデオメッセージで陛下の「お言葉」が発表された。同日、安倍晋三首相は、お言葉を「重く受け止め」、「どのようなことができるのか、しっかりと考えていかなければいけない」と述べた。各種世論調査でも、生前退位を認めるべきだとの意見が圧倒的多数を占めている。今後、制度改正の動きが本格化するだろう。そこで、生前退位について考えてみる。

まず、法的な論点を整理しておきたい。憲法二条は、「皇位は、世襲のものであつて、国会の議決した皇室典範の定めるところにより、これを継承する」と規定する。つまり、憲法は生前退位を禁じているわけではなく、皇室典範という法律を改正すれば足りる。生前退位のために改憲が必要との主張は誤解だ。

では、なぜ現在の皇室典範は、生前退位を認めていないのか。明治時代に旧皇室典範が制定されるまで、天皇の生前退位は珍しくなかった。明治政府の中にも、天皇の地位に就いた人がその任に適当でなかった場合に備え、生前退位を認めるべきだとの意見があった。しかし、院政や退位強制などの混乱を生ずる危険を重視し、生前退位を認めない形で旧皇室典範が制定された。

戦後、新憲法の制定により、天皇の地位は「統治権の総攬者《そうらん》」から「国家の象徴」へと変わり、新皇室典範が制定された。議会では、生前退位の可否も検討されたが、明治政府と同様に、退位した天皇が不当に政治的影響力を行使したり、政府が退位を強制したりする危険が重視され、旧皇室典範の内容が引き継がれた。

天皇の地位には特殊な政治的影響力がある。生前退位の政治利用を防ぐという極めて重要な目的のためには、生前退位を認めない制度にも合理性があろう。しかし、天皇といえども、一人の人間である。生前退位を認めるべきか否かは、天皇の人権の観点からも考えるべきだ。

憲法は、国民に対し、表現の自由（二一条）や職業選択の自由（二二条）など、様々な人権を保障している。しかし、天皇には、職業選択の自由もなければ、自由な表現活動や宗教活動もできない。憲法学説には、天皇は憲法上の権利を持たない特殊な身分だと説明する見解と、天皇も憲法上の権利を保有するが、象徴の地位にあるため権利行使が制限されると説明する見解がある。いずれにせよ、天皇が行使できる権利はほぼないとの結論に違いはない。

人権保障の理念からすれば、天皇の地位に伴う人権制約の負担は、できる限り少なくすべきだろう。憲法学者や法思想史学者の中には、以前から、生前退位を認め、天皇の地位に就く人の人権回復への道を開く必要があるとの主張があった。もっとも、生前退位の制度が、政治利用されることは絶対に防がなくてはならない。そのためには、生前退位のための明確な基準や厳格な手続を設ける工夫が必要になるだろう。

とすれば、一代限りの特別法によって、現在の天皇陛下だけ生前退位を認めるのは好ましくない。明確な基準なしに退位を認めた前例を作れば、今後、特例法によって恣意《しい》的に退位を強制したり、皇位継承順位を変えてしまったりする危険を生む。生前退位を認めるなら、明確な基準と厳格な手続を確立し、皇室典範にきちんと書き込むべきだろう。

今回の天皇陛下のお言葉を聞いて、国民統合の象徴として、「人々の傍らに立ち、その声に耳を傾け、思いに寄り添うこと」を大切にしてきたという高い倫理観に、尊敬の念を覚えた。しかし同時に、不安も感じた。国民の側から、後代の天皇にそうした高い倫理観を期待するようなことになれば、天皇にとってあまりにも過大な負担となる。

象徴天皇を維持したいのであれば、政治家は天皇の政治利用をしない、国民も過度な期待を押し付けない、そうした慎みが不可欠だろう。

皇室典範どこまで変えるべきか

二〇一六年八月八日、天皇陛下の「お言葉」として、「高齢となった場合、どのような在り方が望ましいか」について、「個人として」「これまでに考えて来たこと」が伝えられた。「現行の皇室制度に具体的に触れることは控え」られたが、天皇の生前退位を制度化する必要を示唆するものだった。その後、政府は、有識者会議を設け、生前退位について検討を始めた。現段階（二〇一六年一〇月）の報道では、今上天皇一代限りの特別法を軸に検討が進められる見込みだという。

果たして、そのことに問題はないのだろうか。本論では、皇室典範の制定過程を整理した上で、生前退位それ自体の是非、一代限りの特別法という手法の可否、生前退位に伴う皇室典範の課題について、検討する。

1　生前退位が認められなかった理由

江戸時代までは、天皇の生前退位はしばしば行われていたが、皇位継承に関する明確なルールはなかった。一八八九年、大日本帝国憲法と同時に制定された「皇室典範」（以下、明治皇室典範と呼ぶ）で、「天皇崩スルトキハ皇嗣即チ践祚シ祖宗ノ神器ヲ承ク」とされ（一〇条）、生前退位を認めないとのルールが法定された。その背景には如何なる議論があったのだろうか。

一八八七年三月二〇日、伊藤博文や井上毅といった明治政府の幹部が、高輪の伊藤別邸に集まり、明治皇室典範の内容を検討した。この時のたたき台では、「天皇ハ終身大位ニ当ル。但シ精神又ハ身体ニ於テ不治ノ重患アル時ハ元老院ニ諮詢シ皇位継承ノ順序ニ依リ其位ヲ譲ルコトヲ得」と、生前退位を認める内容だった。井上毅は、天皇には健康や判断力など一定の資質が必要だから、病気の場合などに備えて、生前退位の可能性を残す必要があると主張した。

しかし、伊藤は、重患ある場合には摂政を置けば足りると主張し、「本條不用ニ付削除スヘシ」と切り捨てた（小林宏・島善高編著『日本立法資料全集一六　明治皇室典範（明治二二年）（上）』信山社・資料四五、奥平康弘『「萬世一系」の研究』岩波書店・第Ⅱ部第二章参照）。その論拠は、高輪での会議の記録によると、天皇が「随意ニ其位ヲ遜《ゆず》レ玉フ」のは「浮屠氏ノ流弊」（仏教の悪影響）にすぎないから、という（前掲『日本立法資料全集一六』）。また、公式解説書である伊藤名義『帝国憲法皇室典範義解』は、「権臣ノ脅迫」による「南北朝ノ乱」などの政治的混乱の歴史を指摘した上で、「神武天皇ヨリ舒明天皇ニ至ル迄三十四世嘗テ譲位ノ事」はなく、崩御後の即位が「上代ノ恒典」だとしている。

ただ、こうした論拠はいささか不自然だ。天皇の退位は出家のためとは限らない。また、明治時代から見ても、神武天皇崩御や南北朝の対立ははるか昔のことだ。

実質的な理由としては、伊藤は次のように考えていたようだ。天皇を「操り人形」に喩《たと》えたという記録もあるように（長尾龍一『思想としての日本憲法史』信山社、二〇六頁）、伊藤は、天皇は政府の決定を形式的に正統化するだけの「お飾り」であるべきと考えていた。資質があろうとなかろうと、天皇を退位させる必要はない。生前退位の制度は、強制退位や院政の危険を招くだけなので不要・有害だ、と。

もっとも、天皇はお飾りだからと説明するのは、あまりに不遜なため、公式文書に残せなかったのだろう。

2　戦後、皇室典範は「法律」になった

続いて、日本国憲法と同時に施行された新しい皇室典範（以下、単に皇室典範と呼ぶ）について検討しよう。日本国憲法の原案となった、日本政府に交付されたＧＨＱ案二条は、次のように定めていた。

【ＧＨＱ案（一九四六年二月一三日）】

Article II. Succession to the Imperial Throne shall be dynastic and in accordance with such Imperial House Law as the Diet may enact.
（二条　皇位ノ継承ハ世襲ニシテ国会ノ制定スル皇室典範ニ依ルヘシ（日本政府訳））

第一の特徴として、皇位の「世襲（dynastic）」のみを定めている。崩御後の即位でも、生前の譲位でも、「世襲」であることに変わりはないので、生前退位を認めるか否かは、憲法の要請ではないことになる。

第二の特徴として、皇位継承のルールは“Imperial House Law”で定めるものとした。これは、国会の制定するもので、法律の一種なのだから、「皇室法」や「皇室に関する法律」と訳すべきものだろう。しかし、日本政府は「皇室典範」と訳した。

同じ名前がついているにもかかわらず、明治皇室典範と皇室典範の法的性質は大きく異なる。明治皇室典範は、憲法・法律と異なる「皇室ノ家法」であり、天皇自ら決定するものとされた。法律ではないので、それを改正する場合も、「帝国議会ノ協賛ヲ経ルヲ要セサルナリ」（前掲『帝国憲法皇室典範義解』）とされていた。日本国憲法制定時にも、皇室典範制定には、他の法律とは異なる特別の手続を設けるべきではないか、という意見もあった。美濃部達吉は、枢密院の審査において、「皇室典範は一部国法なるも同時に皇室内部の法」であり、「天皇に発案権も御裁可権もないことはおかしい」、「天皇が議会の議を経ておきめになることにせぬと困る」と指摘してい

る（芦部信喜・高見勝利編著『日本立法資料全集本巻一　皇室典範』信山社、八頁）。
しかし、こうした意見は採られず、ＧＨＱ案二条の日本政府訳文の通りに草案が作られ、帝国議会でも修正なしに、次のような形で成立した。

【憲法二条】
第二条　皇位は、世襲のものであつて、国会の議決した皇室典範の定めるところにより、これを継承する。

この「皇室典範」は、名称こそ明治皇室典範と同一だが、「皇室ノ家法」ではなく、国会の定める「法律」の一種だと説明された。

3　昭和天皇の退位問題

日本国憲法は、一九四六年一一月三日に公布され、翌年五月三日から施行されることになった。それに向け、一九四六年一二月五日から、第九一回帝国議会で、新しい皇室典範を制定することになる。
ここでは、生前退位を認めるべきとする見解もあったが、退位強制や院政などの危険が指摘された。さらに、当時は、昭和天皇の戦争責任という極めてデリケートな問題があった。終戦後、連合国は天皇の法的責任をあえて問わなかったが、生前退位を認めると、昭和天皇が、戦争の道義的責任をとって退位する可能性が生じてしまう。

一九四七年一月一六日に新しい皇室典範が公布され、皇位継承については、明治皇室典範の内容がそのまま引き継がれ、生前退位の制度化は回避された。

それでも昭和天皇の退位を求める意見はなお根強く、例えば、横田喜三郎は一九四八年八月二六日の読売新聞で、我妻榮は同年九月二七日の中部日本新聞（我妻榮『民法研究Ⅷ　憲法と私法』有斐閣、五二頁以下に所収）で、道義的責任をとっての退位を求めている。

4　「象徴的行為」は摂政にはできない

もっとも、現在では、生前退位の是非を論じるうえで、天皇の戦争責任について考慮する必要はない。では、どう考えるべきか。

伊藤博文の構想のように、お飾りに留めるなら、天皇は御簾《みす》の奥に居るだけでよい。天皇の行為は全て形式的なものにすぎないのだから、高齢や病気になった場合は、摂政に代行させれば十分だろう。しかし、天皇陛下は、八月八日の「お言葉」で次のように述べている。

【八月八日「お言葉」より】

天皇が象徴であると共に、国民統合の象徴としての役割を果たすためには、天皇が国民に、天皇という象徴の立場への理解を求めると共に、天皇もまた、自らのありように深く心し、国民に対する理解を深め、常に国民と共にある自覚を自らの内に育てる必要を感じて来ました。こうした意味において、日本の各地、とりわけ遠隔の地や島々への旅も、私は天皇の象徴的行為として、大切なものと感じて来ました。

このお言葉は、明治憲法と日本国憲法での天皇の地位の違いを踏まえたものと言える。明治憲法下では、天皇は、現人神《あらひとがみ》であり、積極的に象徴的行為をしなくても、「皇祖皇宗ノ神霊」の権威により国家の象徴であり得た（大日本帝国憲法告文）。他方、日本国憲法は、そうした神話からは決別し、天皇の地位は「主権の存する日本国民の総意に基く」とする（憲法一条）。天皇陛下は、「国民統合の象徴としての役割を果たすため」には、ただ居るだけでは足りず、例えば、「日本の各地、とりわけ遠隔の地や島々への旅」のように、能動的に「象徴的行為」をなす必要があると考えているようだ。さらに、「象徴的行為」は、天皇に一身専属するもので、摂政には代行できない（石川健治「人間七十年」『法学教室』二〇一六年一〇月号巻頭言参照）。例えば、天皇が皇居でテニスをしている時に、摂政が台風や地震の被災地を見舞っても、国民の象徴による慰問とは受け取り難いだろう。そうなると、かつて井上毅が言ったように、天皇には一定の資質が求められることになる。高齢や病気でそれを失った場合は、退位の道を開くべきだろう。

日本国憲法における天皇と象徴的行為の位置づけから論理的に考えると、生前退位の制度を設けるべきとする議論に一定の説得力がある（以上の点について、長谷部恭男「象徴天皇と『生前退位』」『世界』二〇一六年一〇月号参照）。

5　特別法には違憲の疑いあり

もっとも、明治皇室典範制定時に懸念されたように、皇位継承が政治利用される危険は防がなければならない。そうだとすれば、一代限りの特別法によって、現在の天皇陛下だけを生前退位させるのは好ましくないだろう。特別法には、「〇〇天皇は〇年〇月〇日で退位する」という内容しか書かれないから、どのような基準に照らして、その天皇が退位するのかが、全く不明確なままとなってしまう。明確な基準なしに退位を認めた前例を作れば、今後も、特別法によって恣意的に退位を強制したり、皇位継承順位を変えてしまったりする危険を生む。

また、一代限りの特別法の是非については、憲法二条の文言との関係も問題となる。憲法には、この事項は「法律」で定めよと規定した条文が幾つかある。例えば、一〇条は「日本国民たる要件」つまり国籍配分基準は「法律でこれを定める」と規定し、九二条は「地方公共団体の組織及び運営に関する事項」を「法律で」定めるとしているが、特段、「国籍法」とか「地方自治法」といった法律の名称を指定していない。

この点、「法律」には、あらゆる場合に適用される基準・原則を定めた一般法と、特定の対象にしか適用されない特別法とがある。憲法が「法律」で定めよと規定している場合は、その事項について、一般法で定めても、特別法で定めてもよい、と考えられる。例えば、「地方公共団体の組織及び運営に関する事項」については、「地方自治法」という一般法の他に、大都市地域のみを対象とする「大都市地域における特別区の設置に関する法律」などの特別法も制定されている。

これに対し、憲法二条は、皇位継承について「皇室典範」で定めよと指定している。これは、皇位継承が政治利用される危険を防ぐために、そのルールは一般法の形で明確に定めておくべきであり、特定の皇位継承にしか適用されない特別法の制定は好ましくない、との趣旨を表明するものとも読める。そうすると、一代限りの特別法には、違憲の疑いがある。

もちろん、一代限りの特別法の内容を、皇室典範の一条項や附則として制定すれば、形式的には違憲の批判を免れる。しかし、実質的に見れば憲法二条の趣旨に反するとの強い批判にさらされるだろう。

一般論としては、法律そのものに違憲の疑いがかけられても、それを慎重に運用したり、最高裁の違憲判決を受けて是正したりすることで、最終的に合憲性を担保できる場合もある。例えば、二〇一五年に制定された安保法制は、集団的自衛権を行使しない形で運用することが可能だし、実際に違憲の適用があれば、裁判所の判決を受けて是正できる可能性もある。

しかし、皇位継承に関わる一代限りの特別法は、その制定により即座に退位・即位の効果が生じるので、慎重な運用による対処は想定できない。また、天皇には、訴訟を提起する資格がないので（最高裁第二小法廷平成元年一一月二〇日判決民集四三巻一〇号一一六〇頁参照）、裁判所がそれを是正することもできない。

一代限りの特別法に違憲の疑義がかけられたら、天皇の正統性は大きく揺らぐ。皇位継承は、万が一にも違憲の疑いをかけられないよう慎重に行うべきではないだろうか。生前退位を認めるのであれば、皇室典範を改正し、「高齢又は病気により執務を行うことが困難になった場合」に、「国会の承認を経て退位をする」といった内容を規定し、その基準や手続を明確にしておくべきだろう。

今上天皇の退位も、あくまで皇室典範で定められた一般的な基準・手続の適用によってなされた方が、後々の天皇の正統性を維持するために望ましいだろう。

6　生前退位法制化で最も大切なこと

このような議論に対しては、天皇陛下の年齢や体調を考えると、時間のかかる皇室典範の改正は好ましくないとの意見がある。

確かに、生前退位を認めるには、検討すべき事柄が多々ある。退位した天皇の称号、居所、生活費などの法律上の取り扱いを決定しなくてはならない。また、現在、三種の神器など「皇位とともに伝わるべき由緒ある物」（皇室経済法七条）に、相続税をかけないという規定（相続税法一二条一項一号）はあるが、生前退位の場合の贈与税には、そのような規定がない。

しかし、これらについて法整備が必要であることは、一代限りの特別法でも、皇室典範に生前退位の制度を設けた場合でも、全く変わらない。異なるのは、退位の基準・手続を一般的基準として決定する必要があるという点だけだ。

ここまで検討したように、今後の天皇制を考えるならば、その時間をかけることには価値がある。また、八月八日の「お言葉」は、「平成三〇年」を節目の年としている。退位の基準・手続を考える一定の時間はある。各種世論調査でも、国民の多くが、一代限りの特別法ではなく、皇室典範の改正によって生前退位を制度化すべきだと答えている。目指すべき方向は、既に明確だ。

今議論すべきなのは、生前退位それ自体や、一代限りの特別法の是非ではなく、いかなる基準・手続を設けるか、である。新聞・雑誌・テレビ・ラジオなどのメディアも、そろそろ、この論点に議論を集中すべきではないだろうか。

7 安定的な皇位継承のために

皇室典範については、さらに検討すべき問題もある。もともと、現在の皇室には、皇位継承資格者があまりにも少ない。今現在、未成年の男系男子の皇族は、悠仁親王のみだ。「皇族男子が婚姻をし、子どもを二人産む」というかなり楽観的な想定を前提にしても、次の世代で男系男子の皇族が途絶える確率は二五%もあり、四世代後までに途絶える確率は六〇%を超える。皇位の安定的な継承を考えるのであれば、女性・女系天皇を認めるか、皇族の男系男子と認定した一般国民に皇籍を与えるか、いずれかの判断が迫られる。

この点、女性・女系天皇に正統性はないとする意見もある。しかし他方で、皇族の男系男子をたどっていくとなると、父方を遡《さかのぼ》れば皇族に行き着く国民は相当数存在するはずで、皇籍を与える基準を決めるのは難しい。また、それまで皇族ですらなかった者が、天皇に就任するのは、女性・女系天皇以上に正統性の危機を招くだろう。例えば、万が一、私が家系図などで天皇の男系男子の系譜であることが証明できたとして、私が天皇になることを認める国民はいないだろう。

そもそも、皇位継承者を男系男子に限ることで、皇族の方々にかかるプレッシャーは想像を絶するものがある。安定的な皇位継承を希望するのであれば、生前退位を認めるのと同時に、女性・女系の皇族にも皇位継承資格を付与すべきではないだろうか。

8　天皇の人権と皇室典範

ここまでの検討に加え、天皇の人権という観点からしても、生前退位を認めるべきだと言える。天皇の地位にあれば、法律公布や外国使節の接受《せつじゅ》などの「国事行為」や被災地の慰問などの公的行為などで、かなりの精神力・体力を要する。また、天皇には、一般の人々が享受する基本的人権の大部分が保障されない。そうした負担を考えれば、一度その地位に就いたら一生離脱できないという制度は、あまりに過酷だ。退位により、天皇の地位に伴う負担を軽減できるようにすることには合理的な理由があるだろう。

さらに、天皇の人権という観点については、国民は、明治憲法下よりも敏感にならねばならない理由がある。

明治憲法下では、皇室典範は「皇室ノ家法」であり、天皇が定めるものだった。それゆえ、天皇は、天皇や皇族にとって、あまりに不当な内容の皇室典範は排除できた。しかし、日本国憲法下では、皇室典範の制定に天皇が関わることはできない。その上、政府見解も学界通説も、皇室典範には、日本国憲法の権利条項が適用されないとしている。例えば、女性・女系皇族の皇位継承を認めない皇室典範二条は平等権（憲法一四条第一項）侵害ではないし、皇族男子の婚姻に皇室会議の承認を必要とした同一〇条も婚姻の自由（憲法二四条一項）の侵害とはならない。また、極端な話をすれば、皇室典範で、皇族男子に婚姻を強制したり、男子を産むために側室を設ける義務を課したりしても、権利侵害を主張できない。先に述べたように、天皇には訴訟を提起する資格もないから、仮に権利があっても、そもそも裁判所に救済を求めることもできない。

こうした事情を踏まえると、主権者国民には、皇室典範が天皇・皇族に過度の負担を課すものになっていないか、常に検証する責任がある。国民は、八月八日の「お言葉」を出さざるを得ないところまで、天皇陛下を追い込んでしまったことについて責任を痛感すべきではないだろうか。

沖縄を問うということ

本章では、沖縄問題を扱う。

二〇世紀には、沖縄県出身者が本土で就職したり住宅を借りたりする際に、差別にあうこともあった。近年は、そのようなあからさまな差別が蔓延している状況ではない。若い世代の間では、「基地問題は沖縄差別である」という意識は薄れてきているという調査もある。しかし、沖縄について考えるときには、在日米軍基地が沖縄に集められた歴史を常に思い起こさねばならない。

一九七二年まで沖縄は米軍占領下にあった。沖縄県民は、日本政府にもアメリカ政府にも代表を送ることができず、在日米軍基地について意思を表明する経路は限られていた。他方、日本本土では激しい反基地運動が起き、米軍基地は沖縄に移設されたり、返還されたりした。結果的に、米軍基地は沖縄に集中することになった。

差別によって生じた帰結を放置することは、単に何もしていないのではない。差別し続けることだ。まず、その歴史を知るところから出発すべきではないか。

辺野古から問う正義

はじめに

いま、沖縄で新しい米軍基地が作られようとしている。

一九九〇年代後半、普天間基地の返還要求が高まり、日米両政府によって基地移設について様々な検討がなされた。二〇〇五年には、日米の防衛・外務担当閣僚からなる日米安全保障協議委員会にて移設先が検討され、「キャンプ・シュワブの海岸線の区域とこれに近接する大浦湾の水域を結ぶL字型に普天間代替施設を設置する」との共同文書[1]が一〇月二九日に発表された。翌二〇〇六年五月三〇日、小泉純一郎内閣は、「普天間飛行場のキャンプ・シュワブへの移設」を明記する閣議決定をした。

鳩山由紀夫内閣はこの閣議決定の見直しを試みたものの、二〇一〇年五月二八日、「日米両国政府は、普天間飛行場を早期に移設・返還するために、代替の施設をキャンプ・シュワブ辺野古崎地区及びこれに隣接する水域に設置することとし、必要な作業を進めていく」と、従来の方針を引き継ぐ閣議決定[2]をする。さらに、二〇一二年四月二七日には、日米安全保障協議委員会が、「キャンプ・シュワブ辺野古崎地区及びこれに隣接する水域に建設することが計画されている普天間飛行場の代替施設が、引き続き、これまでに特定された唯一の有効な解決策であるとの認識を再確認」する旨の共同発表[3]を行った。

沖縄県名護市辺野古地区の沿岸を埋め立て、新基地を建設するためにとられた法的な手続は以上である。すなわち、この計画の法的根拠となるのは、日米両政府の合意と、二つの閣議決定のみということになる。はたしてこれらの手続は、米軍基地を設置する手続として十分なものだろうか。我々は、何か重要な手続を飛ばしてしまっているのではないか。

本論では、二人の法哲学者の言葉を手掛かりに考えてみたい。

1 反転可能性としての正義

まず、井上達夫教授の次の指摘を見ていただきたい。

……日米安保のコストは国民の間で公正に分担されるべきで、沖縄の基地過重負担を解消し、沖縄以外の国内に必要な米軍基地を移転すべきです。……

日米安保を必要だとしながら、沖縄から自分たちの地域への基地移転に反対する「本土住民」のエゴは許されません。「沖縄は基地の代償として、国から経済的補助を受けているではないか」というのは、反論にならない。基地移転を受け入れた自治体に経済的補助を与えればいいだけの話です。(4)

井上教授は、日米安保のコストを国民間で公正に分担すべきであるにもかかわらず、現状はそうなっていない点を指摘する。では、井上教授の沖縄問題に対する義憤《ぎふん》の基礎とは、どのような思想だろうか。

井上教授は、正義概念研究の第一人者として知られ、次のように論じている。

対立競合する正義の諸構想に通底する共通の正義概念の核をなすのは、自己と他者という個体的同一性における差異を理由にした差別を排除する普遍主義的要請である。我々の基盤をなす善き生の諸構想の優劣を理由にした差別を排除する正義の基底性は、この普遍主義的正義概念をさらに発展させたものであるが、まさにそれゆえに、この正義概念を前提している。公共的正当化要請は、この正義概念が含意する自他の立場の「反転可能性（reversibility）」の要請に根差す。それによれば、多数者が公共的理由として提示するものは、正義の関門を通過しうるためには、自己の立場が少数派に逆転したと想定した場合でもなお自ら受容できるものでなければならない。「彼ら」をその少数性・無力性ゆえに抑圧搾取して多数者が「我々」の生の繁栄を享受するような政治的決定は、いかに公共性を偽装しようとも、「我々」が「彼ら」だとしたら到底受容しえない以上、正義のテストによってふるい落とされる。(5)

井上教授によれば、普遍主義とは、個体として違うことを理由にした差別を許さないことである。あらゆる公共的決定は、多数派のみならず、少数派の立場に身を置いたときでも自ら受容できるものでなければならない。さもなくば、政治的決定は、単なる少数派に対する搾取であり、正義に適ったものではありえない。

このように、井上教授は、正義概念の核心に立場の反転可能性をおく。この観点から見れば、基地の過重負担を押し付けられる沖縄県民と、その恩恵として安全保障を享受する本土の人との間には、反転可能性のない不正があると評価せざるを得ないだろう。

2　社会的諸力を解放するための民主制

では、このような不正義を解消するためにはどうすればよいのか。それには、民主的なプロセスが鍵となる。

井上教授は、正義概念についての考察を基盤に、民主制についての一つの理解を示している。民主制は、しばしば、支配者と被支配者との合意によって統治する制度だと言われる。民主制の下では、民衆が被支配者であると同時に支配者になり、民衆自らが受け入れた統治が実現されるのだから、民主制を合意による統治として理解することにはそれなりに理由がある。しかし、井上教授によれば、それは「便利な嘘」でしかない。(6) 民主制は、多数者による少数者支配であり、そこに真の合意はない。

にもかかわらず、民主制が正当化されるのはなぜなのか。井上教授は、「社会の対立諸力の解放」であるという。

民主制の採用は、非民主的体制の下では抑圧隠蔽されていた、多様な利益や価値の活発な自己主張を許し、社会的対立を顕在化させ、奨励するのである。民主制がかかる対立競合する社会的諸力を解放するのは、それらの間の活発な論争や競争が、社会全体を発展させる活力を与えるからである。(7)

このように、井上教授は、民主制の正当性を、合意にではなく、社会の中で対立する人々の活発な論争と競争に求める。その上で、具体的な民主制の制度は、「批判的民主主義（Critical Democracy)」と呼ばれる権力の腐敗と悪政に対する批判的コントロールと修正プロセスの保障に力点を置いた構想により形作られなくてはならないと主張する。(8)

反転可能性を持つ政治決定を創り上げるには、権力は絶えず批判的に検証されなくてはならない、ということだ。民主制の正当性についての井上教授のこうした指摘は、辺野古移設問題を考える上でも、参考になる。

普天間の移設先については、社会に様々な考え方があり、国会に議席を持つ議員・政党の考え方も多様なはずだ。しかし、冒頭に見たように、辺野古という場所を選定したのは、内閣の閣議決定である。確かに、内閣は国会に対し信任を負い、国会の統制を受ける機関ではある。しかし、内閣は少人数の会議体であり、閣議決定のプロセスに直接参加できる人はごくわずかである。閣議決定で決定してしまっては、辺野古問題について多様な人々が意見を表明する機会を狭めており、結果として国民の当事者意識を奪っているのではないだろうか。

3　自治権制限立法と憲法九二条

以上のような問題意識から、私は、辺野古問題について国会がより深く関与すべきだと、日本国憲法の解釈として提案してきた。具体的には、次のような議論である。

米軍基地の運用方法は、日米地位協定に定められている。それによれば、基地は、米軍が排他的管轄《かんかつ》権を持つ。また、米軍は基地返還時の原状回復義務を負わず、土壌汚染などがあっても、地元自治体は賠償や除染費用を請求できない。このように、米軍基地の設置は、その土地についての地元自治体の自治権の重大な制約になる。

もちろん場合によっては、国が自治体の自治権を制限する必要がある場合もあろう。この点、憲法九二条は、「地方公共団体の組織及び運営に関する事項」は、「地方自治の本旨」に則った「法律」で定めなければならないとする。しかしながら、日米地位協定や、辺野古に基地を設置する旨の日米合意は、条約または政府間合意に過ぎず、当然、憲法九二条に言う「法律」にはあたらない。憲法九二条を遵守しようとするなら、自治権制限を伴う辺野古新基地設置には、沖縄県や名護市の自治権をどの範囲でどのように制限するのか、また、その代償としていかなる措置を講ずるのかを、「地方自治の本旨」に則った形で「法律」に定めることが必要ではないか(9)。

つまり、辺野古に新基地を建設するならば、そのための根拠法を国会で制定すべきなのだ。もちろん、辺野古移設については、国会による行政監視活動として、これまでも議論がなされてきた。しかし、設置の条件を細かく定める法律の制定手続となれば、従来よりも格段に深く詳細な議論ができるはずである。根拠法を制定するための国会審議では、辺野古でなければならない理由や、地元への補償の内容を政府の側が丁寧に説明する必要があり、他方、それに批判的な議員や政党が厳しい質問を行うこともできる。法律の条文として示されれば、基地設置に関わる諸条件を国民が理解しやすくなり、当事者意識も高まるはずだ。

日米両政府の合意と閣議決定のみという現在の手続では、ごく一部の人しか決定に関われない。これでは、辺野古問題について社会で活発な議論が誘発されないのも当然だ。井上教授の民主制構想からすれば、あまりにも非民主的な手続であり、正義の実現には程遠い。

4　固定的少数派の声に耳を傾ける義務

このように、普天間基地の移設場所については、法律という厳格な形式で決定すべきである。しかし、沖縄への基地集中の問題は、単に、国会での立法というプロセスを踏むだけでは解決しないようにも思われる。

この点で、長尾龍一教授は、日本人が加害の事実から目を背けがちなことをとらえて、次のように語っている。

「戦時における日本の罪悪」、日本人は悟らないのではなく、聞き飽きたのだ。しかし聞き飽きたからといって、耳を傾けない権利が生ずる訳ではない。安倍内閣、沖縄のように恒常的に不当な待遇を受けている人々の発言に、「聞き飽きた」と言って耳を背けているか。(10)

長尾教授のこの指摘は、非常に重要である。辺野古新基地建設にあたっては、基地の過重負担に苦しんできた沖縄の人々の声を聞かなくてはならない。そうでないと、本土の人と沖縄の人との反転可能性など確保できない、正義など実現しないだろう。しかし、本土の人は、自ら進んで基地負担を引き受けたいはずもなく、沖縄の人の声に耳を背けてしまう。

長尾教授は、憲法権威主義的な態度に極めて批判的な論客だ。「昔の占星術とか、最近の『弁証法的唯物論』とよばれたマルクス解釈学とか、多数の優秀な人材が生涯を投じた学問領域で、前提が根本的に誤っている領域は少なくない」のであり、「戦後日本憲法学もそれではないか」

とまで言っている。[11] しかしながら、戦後憲法学は痛烈に批判しても、憲法の存在意義を根本から否定しているわけではない。長尾教授は、「自治権」を硬性憲法で保障する意義について次のように言う。

民主主義の見地から見て、硬性憲法を正当化する根拠となりうるのは、少数意見の保護という要請である。民主主義は何よりも、各人が自分の運命を自分で決する自律の理念であるから、多数決によって少数者の意見を蹂躙するのはせいぜい必要悪として正当化される。少数意見として、無視しない方がよいに決まっているからである。

……少数者にも、流動的少数者と固定的少数者がある。前者は、競争の自由が保障されれば、やがて自由競争を通じて多数者となる可能性をもち、したがって一時的に多数決の支配を受けることを甘受することができる。しかし固定的少数者は、多数決によれば常に敗北する運命にあるから、多数決によって剝奪できない自由と自治権が与えられる必要がある。[12]

特定の地方に恒常的に負担が押し付けられる状況では、単純に多数決のプロセスを動かしても、負担の非対称性が固定化されるだけだろう。それを解消する工夫が必要だ。そこで、日本国憲法九五条は、「一の地方公共団体のみに適用される特別法は、法律の定めるところにより、その地方公共団体の住民の投票においてその過半数の同意を得なければ、国会は、これを制定することができない」と定めている。

この規定によれば、憲法九二条の要請に従い辺野古新基地設置法を制定する場合、それにより自治権が制約される名護市あるいは沖縄県の住民投票の承認が必要になる。憲法は、固定的少数者からの搾取を防ぐためにこそ、憲法九五条を設けているのである。

憲法九二条・九五条を前提にするならば、地元の理解を得られるか否かが、基地設置を検討する上での重大な考慮要素となる。政府は「粛々と」手続きに従って基地の建設を進めると繰り返してきたが、憲法を遵守するならその態度を改め、設置予定の場所の住民との対話をもっと深めるべきだろう。

おわりに

普天間基地は、極めて危険な状態にあり、これを撤去ないし移設する必要があるのはよく分かる。しかし、沖縄県には、これまで非常に多くの米軍基地が設置されてきた。にもかかわらず、新たに、普天間基地移設に伴う負担を課すのは、いかにも不正義に見える。

こうした決定に至ってしまったのは、単なる担当者の不見識ではなく、前提とされた法的手続に原因があるのではないか。今一度、米軍基地設置の手続のありようについて、民主主義の構想と日本国憲法の基底から考えなおすべきである。

（1）https://warp.da.ndl.go.jp/info:ndljp/pid/11450712/www.mod.go.jp/j/approach/anpo/kyougi/2005/10/js_29.pdf

（2）二〇一〇（平成二二）年五月二八日閣議決定「平成二二年五月二八日に日米安全保障協議委員会において承認された事項に関する当面の政府の取組について」https://www.mod.go.jp/j/approach/anpo/kyougi/2010/05/25_03.pdf

（3）https://warp.da.ndl.go.jp/info:ndljp/pid/11450712/www.mod.go.jp/j/approach/anpo/kyougi/2012/04/js_27_j.html

（4）『毎日新聞』二〇一五年九月七日「キーパーソンインタビュー　井上達夫・東大教授（1）安保法案議論の不毛、その原因は?」https://mainichi.jp/articles/20150907/mog/00m/040/015000c

（5）井上達夫『他者への自由』創文社、一九九九年、二二三頁。

（6）井上達夫『現代の貧困』岩波書店、二〇〇一年、一九二頁。

（7）井上・前掲、一九三頁。

（8）井上・前掲、一九四―一九六頁。

（9）『沖縄タイムス』二〇一五年一二月七日「木村草太の憲法の新手（21）振興費のおかしさ」https://www.okinawatimes.co.jp/articles/-/50076

（10）http://book.geocities.jp/ruichi_nagao/DiaryApril2015.html（二〇一五年四月一〇日）

（11）長尾龍一『憲法問題入門』ちくま新書、一九九七年、二〇一頁。

（12）長尾・前掲、一九二―一九三頁。

「批判中毒」から脱するヒント

東京メトロポリタンテレビジョンの番組『ニュース女子』にて、二〇一七年一月二日、沖縄の基地反対運動についての放送がなされた。番組は①沖縄・高江の米軍ヘリパッド建設現場周辺は、建設反対派の過激デモのせいで、取材ができないほど危険だ、②普天間基地周辺の反対派は二万円の日当をもらっている可能性がある、③高江では反対派の妨害により救急車の通行が阻止された、などと指摘した。

しかし、いずれの指摘も根拠が不十分だった。放送倫理・番組向上機構（ＢＰＯ）の放送倫理検証委員会は、二月一〇日、全会一致で審議入りすることを決めた。

この番組に対しては、「沖縄に対するヘイト（憎悪）だ」といった批判が強い。確かに、当然なすべき事実確認すらしない報道姿勢に、沖縄ヘイトを見る気持ちもわかる。しかし、ヘイトという主観的事情をベースになされる批判は、その問題に強い興味を持たない圧倒的多数の人々に、「どっちもどっちな感情的対立にすぎない」という印象を与えてしまってはいないだろうか。

この点、放送法四条は放送番組の編集にあたって、「報道は事実をまげないですること」「できるだけ多くの角度から論点を明らかにすること」を求めている。つまり、ヘイトかどうか以前に、事実に基づかない報道や論評、あるいは、批判対象たる基地反対派への取材の懈怠《けたい》そのものが、放送として不適切なのだ。こうした点を淡々と指摘する方が、問題の本質を人々にしっかりと伝えられるのではないだろうか。

ところで、この番組に携わった人々は、なぜ、これほどまでに事実に無頓着《むとんじゃく》でいられるのだろうか。

私は先日、ＡＩ（人工知能）研究者の山川宏氏に、興味深い話を聞いた。昨今のＡＩは、自ら学習することで性能を向上させる。これには、学習が上手《うま》くいったかどうかの基準設定が必要だが、それに失敗して、リワード・デリュージョン（妄想的報酬）をＡＩに与えてしまうと、人が麻薬に陥るように中毒を起こし、誤った目的を追い求めてしまう。これを解消するには、ＡＩに、「この世界を知りたい」という人間の好奇心のような目的を与えることが有効だという。

今回取り上げた『ニュース女子』に限らず、著名人の不倫や犯罪に対する過熱した報道を見ていると、「ある対象を批判したい」という欲望の中毒に、メディアと国民とが陥っているように感じることがある。何かを批判すると、自分が優位に立った気になったり、承認欲求が充《み》たされたり、視聴率が上がったりするかもしれない。しかし、これらは妄想的報酬にすぎないのではないか。

この中毒から脱するヒントは、憲法にありそうだ。報道機関の報道の自由は、国民の知る権利（憲法二一条）に応えるためにある。国民は、十分な事実を知ることで、社会問題を認識する。また、多角的な論点検討に触れることで、その解決の方向性を見定める。報道機関が、真実を報道せず、多角的な論点解明を怠れば、民主主義の基盤が崩れ落ちてしまう。だからこそ、放送法四条は番組編集基準を定めているのだ。

もっとも、放送局には番組編集の自由がある（放送法三条）。放送局がこの基準を守っているか否かは、最終的には、放送局が自律的に判断せねばならない。外部からの圧力によって放送内容が左右されたのでは、権力者に好都合な事実・論点しか国民に届かなくなってしまうからだ。

ＮＨＫの報道番組で、長年キャスターを務めた国谷裕子氏は、「どんな場でも、相手がどんな人であっても、聞くべきことをきちんと聞く」ことが、報道インタビューの基本だと言う（国谷裕子『キャスターという仕事』岩波新書）。事実を探求し、世界を知ろうとする視聴者、読者の健全な好奇心に応えることが、メディアの使命だ。

沖縄と差別

はじめに

本年（二〇一八年）は、世界人権宣言七〇周年にあたる。この宣言は、「人類社会のすべての構成員の固有の尊厳と平等で譲ることのできない権利とを承認することは、世界における自由、正義及び平和の基礎である」との前文から始まる。

この人権宣言全体の顔となる第一条は、「すべての人間は、生れながらにして自由であり、かつ、尊厳と権利とについて平等である」と規定する。それに次ぐ第二条では、「すべて人は、人種、皮膚の色、性、言語、宗教、政治上その他の意見、国民的若しくは社会的出身、財産、門地その他の地位又はこれに類するいかなる事由による差別をも受けることなく、この宣言に掲げるすべての権利と自由とを享有することができる」とする。

これは、すべての人の「尊厳」の「平等」を求め、「差別」の禁止を強く宣言するものである。この宣言の精神から、沖縄の辺野古問題について考えてみたい。

1　差別されない権利と沖縄

辺野古問題を検討する前提として、世界人権宣言の差別禁止の内容を確認しておこう。差別とは、「女性」や「黒人」、「被差別部落出身者」など、人間の類型に向けられた否定的評価または感情と、それに基づく言動と定義できる。

差別は、日常生活から政治、経済活動、社会活動まで、あらゆる場面で生じており、必ずしも、人権宣言や憲法に列挙された権利の侵害を伴わない。しかし、国際人権法における「差別」は、列挙された権利や自由の平等として定義されることが多い。

例えば、冒頭に掲げた世界人権宣言二条は、差別禁止の条項とされるが、その内容は、差別なしに「この宣言に掲げるすべての権利と自由」の保障を受けることとされている。国際人権規約の自由権規約でも、こうした規定の仕方が踏襲されている（同二条一項）。

あるいは、人種差別撤廃条約は、「人種差別」を人種や皮膚の色などの標識により「人権及び基本的自由を認識し、享有し又は行使することを妨げ又は害する目的又は効果を有するもの」（同条約一条一項）と定義する。欧州人権条約一四条も、差別禁止条項とされるが、その内容は、「差別なしに（without discrimination）」「この条約に規定する権利と自由の享有（The enjoyment of the rights and freedoms set forth in this Convention)」ができると規定する。

宣言や条約に具体的に列挙された権利や自由を保障するのであれば、端的に、それらを保障する条文を適用すればよいはずだ。例えば、白人の表現の自由は認めるが、黒人には認めないといった場合には、「すべて人は、意見及び表現の自由に対する権利を有する」と規定する宣言一九条に反すると処理すれば足り、それに重ねて差別的な表現の自由の侵害だから二条にも反するという必要はない。

それにもかかわらず、なぜ、世界人権宣言や他の国際条約は、「差別」を列挙された権利の平等な保障と定義するのか。それは、差別が、人権侵害の原因になるからだろう。歴史を振り返れば、性別や人種を理由に選挙権を制限したり、特定の信仰を持つ者から、信教の自由や表現の自由を奪ったりしたケースがいくらでもある。こうした差別に基づく基本的人権の制限は、あらゆる差別の中で最も害が大きい。世界人権宣言の第二条は、このことに警鐘をならすための規定だ。

これを踏まえて、沖縄の辺野古新基地建設問題について考えてみたい。

「沖縄は差別の対象となってきた」としばしば指摘される。実際、沖縄を占領されたままサンフランシスコ講和条約が発効した日を「主権回復の日」と定めようとする運動や、沖縄の基地反対運動を揶揄《やゆ》する番組が東京の地上波で放送された事件などが発生している。自民党の政治家であった翁長雄志氏が、辺野古に強い反対の姿勢をとるようになった原因の一つは、沖縄県内の自治体の長が東京でデモ行進した際に、強烈な差別的言動を投げかけられたことにあったとも言われる。

先ほど指摘したように、差別は人権侵害を招く危険性が高い。日本社会に沖縄に対する差別が存在するなら、それが基本的人権のはく奪をもたらしている可能性が高いと考えるべきだ。次に、こうした認識の下で、辺野古新基地問題を検討してみよう。

2 沖縄基地問題と適正手続

まず、問題の経緯を簡単に振り返ろう。沖縄県宜野湾市にある米軍普天間基地には、オスプレイなどの航空機を配備する海兵隊飛行場がある。この飛行場は住宅地のど真ん中にあるため、危険性が極めて高く、沖縄県民は基地返還を強く要求してきた。一九九六年、橋本龍太郎首相は、モンデール駐日米国大使と普天間基地返還を合意した。この時、日米両政府は、普天間基地の代替施設を沖縄県名護市に設置する計画を立てた。

しかし、沖縄県内に代替施設を作るのでは、沖縄県全体の基地負担は軽減されない。計画には沖縄県民や名護市民から強い反対の声が上がり、一九九七年末の名護市住民投票では、移設反対が多数を占めた。これに対し、政府は、辺野古が唯一の解決策であるとの態度を固持し、二〇〇六年五月三〇日には、小泉純一郎内閣が、「普天間飛行場のキャンプ・シュワブへの移設」を明記する閣議決定をした。二〇〇九年に発足した鳩山由紀夫内閣は、この閣議決定の見直しを試みたものの、二〇一〇年五月二八日、「日米両国政府は、普天間飛行場を早期に移設・返還するために、代替の施設をキャンプ・シュワブ辺野古崎地区及びこれに隣接する水域に設置することとし、必要な作業を進めていく」と、従来の方針を引き継ぐ閣議決定[1]をした。

沖縄県内では、こうした政府の態度への反対の声が強く、二〇一四年の沖縄県知事選では、辺野古移設反対を強く訴える翁長雄志氏が当選した。その翁長氏の死去を受けて行われた二〇一八年の県知事選でも、翁長氏の姿勢を継承する玉城デニー氏が当選している。

この経緯で問題なのは、辺野古移設の国内法的な根拠が政府の閣議決定に止まることだ。米軍基地の設置は、その場所に対する地元自治体の自治権を大きく制限する。例えば、事件や事故が起きた場合でも、許可がない限り、警察や消防は立ち入れない。騒音や環境の規制を定めた条例を作っても、その効果を基地内部に及ぼすことは難しい。それにもかかわらず、地元が全く関与できないまま、閣議決定の手続だけで基地設置の決定を行っているのが現状だ。

しかし、憲法をよく読むと、憲法は立地自治体に配慮した手続を要求しているように見える。まず、憲法九二条は、「地方公共団体の組織及び運営に関する事項」は、「地方自治の本旨」に則った「法律」で定めなければならないとする。自治権の制限は、当然、「地方公共団体の組織及び運営」に関わることだ。そうすると、米軍基地を設置して立地自治体の自治権を制限するのであれば、基地の設置場所の選定手続や、制限すべき自治権の内容・程度を「法律」で定める必要があるだろう。

そのような「法律」を定める場合、まず考えられるのが、全国の自治体に適用される一般法を制定する方法だ。この場合、例えば、「基地の場所は内閣が決定し、地元自治体には一切の手続保障はなく、基地内には米軍の許可がない限り自治体の権限は及ばない」といったような、強権的な内容の法律を制定することは難しい。全国民の代表が集まる国会で審議をすれば、それぞれの議員の選挙区に適用されることへの懸念から、反対の声が上がるからだ。基地設置の一般法を作るならば、自治体の意向を反映するための手続保障を盛り込んだり、基地設置後に、騒音や環境、都市計画の観点から、地元自治体が基地の運用に制限をかけたりすることを認める内容になるだろう。

次に考えられるのが、「辺野古基地設置法」のような法律を作って、「沖縄県と名護市の自治権をこのように制限する」と定める方法だ。そもそも、米軍基地をどこに設置するかは、国政にとって重要な事項であり、全国民の代表からなる国会が法律によって決定すべきもの（法律事項）のはずだ。(2) そうすると、そのような法律を制定して、基地設置に根拠を与えるのが本来的な在り方ともいえる。

もしも「辺野古基地設置法」のような法律を作るとすれば、それは特定の自治体にのみ適用される特別法になるので、「一の地方公共団体のみに適用される特別法は、法律の定めるところにより、その地方公共団体の住民の投票においてその過半数の同意を得なければ、国会は、これを制定することができない」と定める憲法九五条に基づき、住民投票の承認が必要となる。(3)

このように、憲法の条文を読む限り、本来、米軍基地の設置のためには、日米両政府の合意や閣議決定だけでなく、根拠となる法律が必要だ。法律が整備されれば、立地自治体には、その法律や憲法九五条に基づく手続保障が与えられることになる。

3　裁判所の態度

実は、沖縄県は、辺野古の埋め立てを巡る訴訟の中で、基地の設置には根拠となる法律が必要なはずだと、この問題を指摘した。しかし、福岡高裁那覇支部判決平成二八（二〇一六）年九月一六日民集七〇巻九号二七二七頁は、「本件施設等の建設及びこれに伴って生じる自治権の制限は、日米安全保障条約及び日米地位協定に基づくものであり、憲法四十一条に違反するとはいえず」「自治権侵害として憲法九十二条に反するとは言えない」と結論した。さらに、最高裁は、この主張を同年一二月二〇日の調書決定で支持し、沖縄県の上告を棄却した。

しかし、安保条約や地位協定などは、あくまで「条約」であり、「法律」とは法形式が異なる。また、条約は、法律制定ほど厳格な手続が要求されない上に、「地方自治の本旨」に反してはならない（憲法九二条）とか、住民投票が必要（憲法九五条）といった憲法上の要請もかからない。もし、福岡高裁や最高裁の立論が許されるなら、条約をつかって、憲法上の要請を脱法（脱憲）する自治権制限ができてしまうだろう。

これは、あまりに不当な帰結で、日本のすべての自治体に適用可能な判断とは思えない。最高裁は、他の地域では適用を躊躇《ちゅうちょ》するようなルールを、沖縄が対象の事件では平然と適用し、基地設置の手続保障を否定している。

おわりに

ここまで見たように、辺野古移設計画の進め方には、沖縄への手続保障が欠けている。これは、差別に基づく人権侵害の一種と考えるべきではないか。

「たかが手続」と思う人もいるかもしれないが、適正な手続は、相手を尊重するために不可欠である。例えば、刑事事件で、有罪無罪をサイコロで決定したとしよう。仮に、有罪の結論が真実に合致していたとしても、それで罰することが正しいとは到底、言えない。サイコロの偶然に委ねることは、対象を尊重しているとは言えないからだ。

辺野古基地新設に関して直接に問われるのは、沖縄県や名護市の自治権制限であり、手続保障の不備だ。ただ、自治体が、その地域の住民により構成される団体であることからすると、自治体への手続保障の否定は、究極的には、その地域の住民の尊厳の否定につながる。そして、その背景には、沖縄への差別があると想定される。

差別は人権侵害につながるという世界人権宣言の示唆を踏まえるならば、沖縄差別は、沖縄の人々に対する人権侵害にもつながりうる。沖縄の尊厳を守り、沖縄の人々の尊厳を守るために、適正な手続をとるところからやり直すべきではないだろうか。

（1）二〇一〇（平成二二）年五月二八日閣議決定「平成二二年五月二八日に日米安全保障協議委員会において承認された事項に関する当面の政府の取組について」https://www.mod.go.jp/j/approach/anpo/kyougi/2010/05/25_03.pdf

（2）憲法四一条は、「国会は、国権の最高機関であつて、国の唯一の立法機関である」と定めるが、ここでいう「立法」とは、一般的・抽象的な法規（国民の権利・義務の内容を定める法規範）の制定を意味するとされていた。近年は、「国政における重要事項の決定」は、法律事項であり、それを決定することが「立法」だという定義も有力になりつつある。

（3）条文中の「一の」とは、「一つの」という意味ではなく、「特定の」という意味だと解されている。

建築、空間など

私は、子どものころから建物が好きだった。小学生のころは、レゴでいろいろな建物を作った。住んでいた横浜市には、前川國男設計の神奈川県立図書館や、丹下健三設計の横浜美術館、FOAの横浜大さん橋など、素晴らしい建築家の作品があった。鎌倉にも近かったので、遠足で鶴岡八幡宮など、日本の伝統建築を体験することもできた。中学生のころには、横浜ランドマークタワーが開業した。建築家の作品とは違うが、「日本で最も高いビル」（竣工当時）という三菱地所の技術には、一人の男の子として心震えるものがあった。

もっとも、数学が不得意なので構造計算はできず、デザインセンスもないので設計も不向き。そういうわけで、大学進学にあたり建築科を考えることはなかった。ただ、憲法学者になったばかりのころ、著名な建築家、山本理顕氏の訴訟に関わることになった。それ以来、山本氏とは何度も仕事をさせていただいた。

本章では、山本氏の建築や論文に関する評論を中心に、建築に関する議論を扱っている。

建築と景観

1　法的評価と経済的評価

建築設計の評価基準は多様である。まず、建築設計は、建築法規の基準により評価される。法的評価の目的は、建築基準法の目的にあるとおり、「国民の生命、健康及び財産の保護」という基礎的な利益を保護するところにある。また、建築は高額の投資でもあるから、建て主の経済的要求への適合性も、重要な評価基準になろう。法的評価や経済的評価の話は、普遍的で理解しやすい。しかし、当然のことながら、建築設計の評価はそれだけでは終わらない。

2　建築の発信する情報

美しい自然の広がる地域、あるいは歴史的建築物や低層住宅の連なる地域に、突如として巨大な開発計画が発表され、自然・文化に鋭敏な感覚を持つ専門家や地域住民がそれに反対する。こうした景観紛争はいたる所で発生しており、その解決には、建築が景観に与える影響をいかに評価するか、という点が鍵になる。

何を美しいと感じるかは人によって違うので、誰もが納得する景観の評価基準を設定するのは、困難であろう。しかし、なぜその建築に反対しているのか、あるいは、なぜその建築を建てたいのか、は言語化できるはずである。これができれば、双方の歩み寄りのきっかけが生まれるかもしれない。つまり、建築の発信する情報の内容を「明確な言葉」に翻訳する努力が不可欠である。

例えば、低層住宅地域での高層マンション建設に対する地域住民の反対は、何に起因しているのだろうか。もちろん、高層マンションについては、通風・日照の遮断や交通量の増加など、機能的な問題への反発も強い。しかし、これらは、十分なデータの提示と、法規により許される正当な権利行使であることを説明して、納得してもらうしかない。私が聞いた事例で気になったのは、①単純に他の建築と異質であることから、「地域コミュニティに参加する意思はない」というメッセージや、②高いところに視点が設定されることから、「周辺住民を見下している」という侮辱的メッセージを受け取っているケースがあったことである。

このようなケースでは、データ開示や法規上の権利を示すことは、住民の反発を強化するだけである。むしろ、住民の心配事に共感し、地域住民と高層マンションの住民が地域活動で協力する道筋を整えたり、地域住民にしかるべき敬意を表したり、といった丁寧なコミュニケーションによって、高層マンションが地域の価値を損なわないこと、むしろ価値を高めうることを説明していかねばならない。

反発の核心を突きとめ、また、新たな建築の価値を明示すること、つまり建築の発信する情報の翻訳は、建築家に期待される役割だろう。

3　メートル法とマンセル値

もっとも、進行中の開発計画を停止させることは、私有財産制の観点からも経済合理性の観点からも困難だから、景観紛争は、起きてしまった段階で手遅れになっていることが多い。未然に、景観を保護するための規制をかけておくことが重要である。

この場合、法律や条例あるいは都市計画に、許容される建築とそうでない建築を明確に区分する評価基準を盛り込んでおく必要がある。ここでも、「明確な言葉」が鍵になる。「美しい建物であること」「周囲の景観と調和すること」といったあいまいな規制は、恣意的な運用を招き、土地の経済的価値を暴落させかねない。

有名な国立マンション訴訟の事例もそうだが、景観紛争の大半は「高さ」にかかわるものである。言うまでもなく、高さはメートル法で明確に定義できる。また、強烈な違和感を引き起こす色彩も、マンセル値で画定することができるだろう。メートル法とマンセル値で規制しておけば、たいていの紛争は回避できるはずである（長谷川貴陽史「地域コミュニティは景観法を活用できるか」『ジュリスト』二〇〇六年六月一五日号)。国民や住民が望む景観の在り様を理解し、それを明確な法的言語に翻訳した公的規制を構築することは、法律家が建築家と手を携えて取り組むべき役割である。

無限に連なる3ＬＤＫ

はじめに

ハードロー的エンフォースメントによらない行動の統制をソフトローと呼ぶ。これには、二つの種類がある。第一は制裁と褒賞の予期による統制であり、第二は選択肢の不可視化による統制である。本論の目的は、この両者を区別する必要を指摘するところにある。

本論は、まず住宅設計の場において〈五〇～一〇〇平米のｎＬＤＫ〉というソフトローが見出されることを指摘する（Ⅰ）。続いて、その形成原因を分析する（Ⅱ）。その分析からは、認識枠組みによる選択肢の不可視化という行動統制の在り方が抽出される（Ⅲ）。このような議論は、ソフトロー研究において、二種類のソフトローが区別されるべき必要を示唆している（Ⅳ）。

なお本論は、制裁・褒賞の予期による統制と選択肢の不可視化による統制を区別する必要を指摘するためのものであり、ｎＬＤＫや核家族に対する――それを根絶すべきとかより広めるべしといった――価値的な提案を積極的に行うものではない。

Ⅰ　無限に連なる３ＬＤＫ

１　小住宅ばんざい

時は、一九五八年。『建築文化』誌に、八田利也[1]という人物の論稿が掲載される。タイトルは、「小住宅ばんざい[2]」。

その主張の骨子はこうである。敷地面積三〇坪未満、建設予算坪六万円[3]の予算で作られる小住宅のデザインは、「Ｌ－Ｂ×ｎ」という単純な要素しか持っていない。ここに言うＬはリビング、Ｂはベッドルーム、ｎはベッドルームの数である。

八田はこう主張し、小住宅において「設計の対象として問題すべきものは、もうほとんど残っていない」、しかし、今や「天と地の間に遮るものとてないこの廃城と田園に」小住宅作家の「うみだした住宅がえんえんと連なっている」のであり、「いまや小住宅ばんざい」である、と結論する。

八田の主張は、同一の形式を単純に模倣するだけの住宅設計について、創造性の欠如を批判するものであった。ここにｎＬＤＫ批判の嚆矢《こうし》が放たれたのである。

2 〈五〇〜一〇〇平米のｎＬＤＫ〉というソフトロー

現在の住宅の大半は、①五〇〜一〇〇平米の、②ｎＬＤＫである。

ｎＬＤＫとは、キッチンに付設した食堂スペース（ダイニング）、その延長に共有スペース（リビング）、そして適当な数の個室からなる様式を言う。これを五〇〜一〇〇平米のサイズで実現する住宅設計は、大量に見出される人間の行動であり反復される事実である。

住宅設計には、消防法や建築基準法等の多様な法律上の要請が存在する。しかし、住宅設計をかような形態において行うべしとする法律はなく、ここに〈五〇〜一〇〇平米のｎＬＤＫ〉というソフトロー(4)が見出される。平成も二〇年を数えようというこの時代にあって、なお、八田利也の指摘したままの現実がある。

Ⅱ 核家族

1 ｎＬＤＫの本質

ｎＬＤＫの本質はどこにあるのか。

一つの住居に集住する生活のための基礎的集団を、家族と呼ぶ。山本理顕は、ｎＬＤＫがそこに住む家族を完結した一体として外部から遮断する設計であると指摘する(5)。

ｎＬＤＫの特徴は、各個室に外部への出口がない、という点にある。そこでは住民が、共有スペースのみを媒介として外部とつながる完結した一体であることが想定されている。さらに、ｎＬＤＫの多くは、住居と外部をつなぐ扉として、住居を外部から遮断する性質の扉――鉄の扉――を採用している。この二つが、山本の指摘の根拠である。

五〇～一〇〇平米というサイズの住居に集住できるのは三～五人程度(6)であろう。とすれば、〈五〇～一〇〇平米のｎＬＤＫ〉とは、三～五人程度の規模の家族、つまり核家族を閉じ込める設計だということになる(7)。

2　ｎＬＤＫへの批判

住宅設計は、建築家にとっての重要な主題である。にもかかわらず、現実の住宅設計の大多数は、過去の形態を単純に模倣・反復するだけのものに止まっている。住居に対する鋭敏な意識を持った建築家は、このような現実を批判することになる。その嚆矢を放ったのが八田利也であった。また最近では、山本理顕が、ｎＬＤＫへの逆ギレという言葉すら連想してしまう住宅設計を行っている。すなわち、住民が共有スペースを介さず外部へと直接繋がる設計――各個室がそれぞれ独自の玄関を持つ住居――、あるいは鉄の扉ではない扉の住居――ガラスの扉の住居――である(8)。

八田利也や山本理顕のようにｎＬＤＫの反復生産を批判する者は、決して少なくなかった。しかし、これまでもまた現在も〈五〇〜一〇〇平米のｎＬＤＫ〉は、支配的な住宅設計である。このような住宅ビジネスの現実は、〈五〇〜一〇〇平米のｎＬＤＫ〉が想定する核家族が、支配的な家族の形態であることを示している。[9]

ではなぜ、核家族が支配的な家族形態であり、それ以外の家族形態——列えば、二世代・三世代からなる大家族や、多夫多妻の生活など——が排除されることになるのか。

3　合理的〈選択〉としての説明

一つの説明は、核家族は合理的であり、合理的〈選択〉の帰結として核家族という形態が実現する、というものである。これには幾つかのバリエーションがあるが、その代表的なものとして、分業の効率性とシグナリングによる説明がある。

（1）分業の効率性

第一の説明は、次のようなものである。男性が賃金労働を行い、女性が子育てと家事を担当する。分業は効率的である。また、男性一人の収入で支えられる人数は、妻と子ども数人なので、結果的に、分業の最も効率的な形態としての核家族という形態が支配的となる。

かような説明には、次のような疑問を提示することができる。子育てや家事の作業の中には、大家族においてより効率的に遂行されるものがあるし——とりわけ出産前後の乳児のケアは、核家族においては困難であるため里帰り出産・乳幼児育児を選ぶ者は多い――、十分な収入がある男性／女性にとって、複数の女性／男性との間で並行的に複数の家庭生活を持つことも経済的に不合理な選択肢ではない。

核家族という形態が、最も合理的な選択肢であるという状況にある者も少なくはないだろうが、分業の効率性という観点のみでは、それが支配的となることを説明できない。

（2）シグナリング

他方、いわゆるシグナリングによる説明とは、次のようなものである。核家族を形成することは、一夫多妻の生活等を営むよりも世間の人々にまっとうな――この言葉にもいろいろと理解の仕方があるが――人間であるとの印象を与え、営業・雇用・昇進・近所づきあいなどの点で有利になると考えるからこそ、多くの人は核家族を形成する。

この説明は、行為者が〈核家族を形成すれば、まっとうな人物との印象を与えるだろう〉と予期していることを前提とするものである。問題は、そのような予期がなぜ形成されるのか、という点である。この点についての説明を欠いたシグナリングによる説明は、さほど豊かな説明ではない[10]。

4 〈選択〉なのか？

以上の二つの説明は、核家族以外の多様な――ほとんど無限の[11]――選択肢の比較考量がなされている、との前提を置いている点で共通する。しかし、人間の行動を合理的〈選択〉として説明しようとする見解には、決定的に欠けている視点がある。すなわち、〈選択〉の前提への配慮[12]である。

〈選択〉の帰結として説明し得る人間の行動においても、そこでは無意識に――〈選択〉とは言い難い作用により――選択肢の幅が限定されている。例えば、我々が想定し得る家族の形態は核家族に加えせいぜい大家族に止まる。そこでは、〈主人の愛人と核家族が同居する形態〉だとか[13]、〈男性三人・女性五人のグループから形成され、八人がそれぞれ全員と〈同性愛関係を含めた〉性関係を持つ家族形態〉といったものは、選択肢として想定されておらず、意識にも上らないのが通常である。

人間の行動の可能性は無限に存在し、そのような意識に上らない選択肢は無数にある。人間の〈選択〉は、そのような無限の選択肢を選択可能な数にまで限定する無意識的な作用[14]を前提にしてなされているように思われる。

Ⅲ 〈不可視化による統制〉

1 認識による選択肢の限定

いま述べた無意識的な選択肢の限定作用は、認識枠組みによってもたらされる。認識枠組みとは、感覚を認識へと整理する枠組みである。(15) 例えば、人が血を流しぐったりとしている像を感覚した場合、医学という認識枠組みを用いればそこには〈出血多量〉という認識が成立し、法学という認識枠組みを用いれば〈殺人〉という認識が成立する。

今の例では、認識主体による認識枠組みの〈選択〉という作業が行われているようにも思われる。つまり、同一の認識主体が、眼鏡《めがね》を掛け替えるようにして、医学と法学という認識枠組みを〈選択〉し、認識を得ているように思われる。しかし、〈人〉とか〈血〉とかいった認識も、特定の認識枠組みによりもたらされる認識である。そして、人体の像を〈人〉以外のものとして認識することは極めて困難である。人体の像を〈人〉、それに流れる液体の像を〈血〉だとするような、基本的な認識について、認識の瞬間に認識枠組みの〈選択〉が行われている、と考えることは困難である。

認識は、〈選択〉を観念しようのない認識枠組みを前提にしており、これが無意識的な選択肢限定作用をもたらす。例えば、日本人にとって鯨《くじら》は食材であるが、多くの欧米人は鯨を食すという選択肢を意識すらしない。そのような意味での食材の限定は、我々の日常生活においても多数見出される。

このように、認識を行う際に用いられる認識枠組みの多くは、無意識化[16]されている。そして、それにより我々の行動の選択肢は限定されるのである。いま述べた認識枠組みによる選択肢の不可視化による統制を、以下、〈不可視化による統制〉と呼ぶことにしよう。

先に述べた、住宅設計における〈五〇～一〇〇平米のｎＬＤＫ〉あるいは核家族の形成は、この〈不可視化による統制〉により促されたものだと考えるのが自然であろう。我々が非ｎＬＤＫ的な設計の住居や核家族ではない家族を選択肢として認識することは、極めて困難である。

2 「3－1」

〈五〇～一〇〇平米のｎＬＤＫ〉や核家族の形成といった具体例を見れば、〈不可視化による統制〉が極めて強力な行動の統制であることが分かる。〈不可視化による統制〉が強力なのは、厳格な制裁や強制措置を伴うからではなく、それが意識されないからである。では、選択肢限定作用をもたらす認識枠組みは、いかにして無意識化されるのか。

この点を知るためには、無意識化された認識枠組みが意識される場合を想起すればよい。無意識化された認識枠組みは、自らの認識とは全く異質な認識――つまり〈他者の認識〉――を追体験することで意識化される。例えば、「3－1」を3ひく1のことだと認識していた者は、「3－

1」を三年一組の標識だとする認識に触れることで、「3－1」には多様な認識の仕方があること、自らが無意識的にある認識枠組みを前提としていたこと、を意識することができる。[17] 逆に、ある特定の認識枠組み以外の認識の可能性が提示されない状況では、その認識枠組みは無意識化される。「3－1」を3ひく1とする認識のみが示される環境では、〈「3－1」→3ひく1〉とする認識枠組みを疑うことはできず、それを意識することはできない。

認識枠組みが無意識化されるのは、それを意識するきっかけとなる〈他者の認識〉が示されない場においてである。〈五〇～一〇〇平米のｎＬＤＫ〉以外の設計に出会うことのできない住宅設計の場は、そのような場の典型例であろう。[18]

3　家族形成の場における〈不可視化による統制〉

核家族が支配的な家族形態であるのは、家族形成の際の〈他者の認識〉に触れることが困難なためである。

支配的な住宅設計たる〈五〇～一〇〇平米のｎＬＤＫ〉は、核家族のみを家族の形態だとする認識枠組みを前提にしている。また、民法の親族・相続に関する規定も、核家族を典型的な家族形態とする認識枠組みを提示している。無論、民法は核家族の逸脱形態（例えば、多夫多妻）に制裁や強制を課すハードローではない。しかし、民法は核家族以外の選択肢を不可視化する作用を持ち、それにより我々の行動を統制しているのである。[19] そして、テレビドラマ・小説・家庭向け商品のビジネス等、同様の認識枠組みを提示する存在はその他にも数多くある。
それらの存在は、核家族を唯一の家族の形態とする認識以外の認識を困難にし、そこで前提とされた認識枠組みを無意識化する。それにより、我々が家族形成の場面・集住用住宅の設計の場面・民法解釈の場面等における数多くの選択肢が不可視化され、行動が統制されるのである。

Ⅳ　ソフトロー研究への含意

1　ハードローと〈不可視化による統制〉

ハードローとは、刑罰や強制執行に代表されるようなハードロー的エンフォースメントの存在を前提とした統制を言う。これが機能するのは、ある行動Aに連結する刑罰や強制執行を恐れる者が、Aを〈選択〉しようとしないためである。[20] つまり、選択肢として想定された行動を抑制するのが、ハードローの機能である。

他方、認識枠組みによる選択肢の〈不可視化による統制〉は、無意識的な行動の統制である。これは、ハードロー的エンフォースメントを前提としない統制であり、ソフトローの一種だと言える。

我々の社会は、〈不可視化による統制〉の網《あみ》の目を基盤として成立している。我々は普段、〈仕事場の壁一面にマヨネーズを塗ること〉、〈定食屋のテーブルの上に立つこと〉、〈道を歩くとき後ろ向きに歩くこと〉などの選択肢を意識することなく行動している。そのような〈異常な〉選択肢を選択肢として認識する者からなる社会は、我々の社会とは全く異なる社会となるであろう。

このような考察は、我々の行動が、〈不可視化による統制〉というある種の強力なソフトローの下に置かれていることを示唆する。

2 ソフトロー論における〈不可視化による統制〉

以上のような分析は、これまでなされてきたソフトロー研究の成果を体系的に整理するためにも有益である。本論の分析は、意識された複数の選択肢のうちいかなる〈選択〉を行うか、に関する規律と、そもそもいかなる行動を選択肢として想定するか、に関する規律が異なる種類のものであることを示唆している。前者の規律は、強制・制裁・褒賞といったエンフォースメントの予期によるものであり、後者の規律は、無意識的に前提とされた認識枠組みのもたらす〈不可視化による統制〉である。

3 〈選択〉概念による説明

また、本論の検討は、行動を何らかの〈選択〉として説明しようとする手法——いわゆる〈法と経済学〉の手法もその一種であろう——の限界を示唆している。

選択肢として想定された行動に関する統制は、〈不可視化による統制〉ではなく、〈選択〉に連結する事態——制裁と褒賞——の予期による統制である。従って、〈選択〉に関する統制を分析すれば、そこに制裁・褒賞の予期が存在することが指摘される。[21] 確かにそれは、重要な指摘であるかもしれない。しかし、行動を〈選択〉として説明する手法に期待できるのは、そこまでである。[22]

制裁や褒賞の予期という認識はいかにして疑いのないものとなるのか。また、そもそもそこで想定された選択肢とは、ごく限定されたものなのではないのか。こうした問題の提起は、そこでは無意識的に排除されている。つまり、そのような問題提起は、選択肢として想定されていないのである。ここにもまた、〈不可視化による統制〉が見出される。

おわりに

ソフトローとは、ハードロー的エンフォースメントによらない行動の統制を言う。行動の統制には、制裁・褒賞の予期によるものと、認識枠組みによる選択肢の不可視化によるものがあり、ソフトローにもこの二種類のものがある。ソフトロー研究においては、この二種類のものが区別されるべきである。研究対象の明確化は、学問的探究の最も基本的な条件である。

〈五〇～一〇〇平米のｎＬＤＫ〉というソフトローに関する考察は、〈不可視化による統制〉という強力な行動の統制の在り方を示唆している。そのような統制の存在ゆえに、無限とも思えるほど広大な３ＬＤＫ空間のつらなりが顕現《けんげん》するのである。

（1）八田利也《やだとしや》とは、伊藤ていじ・磯崎新・川上秀光の三名が「小鬼」にとりつかれて共同執筆した文書のペンネームであり、ハッタリヤである（後掲『現代建築愚作論』「補・八田利也論」参照）。

（2）八田利也『現代建築愚作論』（彰国社、一九六一年）に収録。時を経た磯崎新の回想として、磯崎新「住宅は建築か」（磯崎新他『住宅の射程』ＴＯＴＯ出版、二〇〇六年）参照。

（3）一九五八年の物価は、大卒初任給約一万三〇〇〇円、米一〇キロ九七〇円、映画チケット一五〇円、封書一〇円、葉書五円、理髪料金一五〇円だというから、六万円とは現在の価格にして六〇万円程度かと思われる。

（4）この種の事実の繰り返しをソフトローと呼ぶことには違和感があるかもしれないが、藤田友敬「ビジネスロー分野におけるディファクト・スタンダードの形成とハードローとの相互作用」（『ソフトロー研究』九号、二〇〇七年）五三頁は、「そうあるべきであると人々に信じられている」という「要素に着目して、『規範』と『単なる事実の繰り返し』を区別するのは」「現象の解明にとって本当に有効な視点なのか」と指摘する。

（5）山本理顕「51Ｃのその後」（鈴木成文他『「51Ｃ」家族を容れるハコの戦後と現在』平凡社、二〇〇四年）。

（6）もっとも、核家族向け住宅がこのようなサイズになることについては、日本特有の事情があるようである。都市部の高層化に成功した中国や韓国では、家族向けの住宅は一〇〇～二〇〇平米という比較的大きなサイズになるとの指摘もなされている。この点については、小嶋一浩「アトムの時代に」（『新建築』二〇〇四年六月号）参照。

（7）かような考察から判明するのは、単身者用住宅つまりワンルームマンションこそが、もっとも成功したアンチｎＬＤＫ建築であるという事実である。この点について、上野千鶴子・隈研吾「シングルの住居」（上野千鶴子『家族を容れるハコ 家族を超えるハコ』平凡社、二〇〇二年）参照。

（8）各個室に直接玄関を設けるという構想は、「岡山の住宅」から「保田窪団地」へと至る経緯に見ることができる（山本理顕「住居擬態論」「『パブリック／プライベート』は空間概念である」『新編住居論』平凡社、二〇〇四年参照）。鉄の扉で閉じない住居については、「東雲キャナルコートCODAN・街区」において実現している（山本理顕「食寝一体・職住混在」『建築の可能性、山本理顕的想像力』王国社、二〇〇六年参照）。山本理顕のこのような試みは、「ダイヤグラムの発動」（概念図表の適用）という手法によるものと評価されている。その手法の危険性の指摘を含め、小野田泰明「デザインされる空間」（阿部潔・成実弘至『空間管理社会』新曜社、二〇〇六年）参照。

（9）核家族の子どもたちはいずれ独立する。従って、核家族の住宅はいずれ売却されることが想定される。住宅の個性は、将来の売却を困難にする。そのため、汎用的なnＬＤＫモデルが好まれる。このような想定に基づく住宅ビジネスの現状について、「nＬＤＫがマッチする家族の実数は確実に減少しているし、トランザクショナルな価値を感知できる人びとは増加しているに違いない」と批判するものとして、小野田泰明「集合住宅ばんざい」（『新建築』二〇〇五年八月号）参照。

（10）シグナリングによる説明とは何かを抽象的に解説したものとして、藤田友敬・松村敏弘「社会規範の法と経済」（『ソフトロー研究』一号、二〇〇五年）参照。

（11）塩沢由典『市場の秩序学』（ちくま学芸文庫、一九九八年）二九二頁以下は、人間行動を〈選択〉という概念により説明しようとする見解について、人間の計算能力の限界という観点から問題を指摘する。塩沢の指摘するように、〈選択〉を行うには、選択肢が選択可能な範囲に限定されている必要があるはずであり、人間の行動について〈選択〉という概念で説明できる事項は少ないだろう。

（12）〈選択〉の前提となる認識の在り方に着目する必要を説くものとして、飯田高『〈法と経済学〉の社会規範論』（勁草書房、二〇〇四年）第五章参照。

（13）「愛人が同居する家」という建築もアンチnＬＤＫの形態の一つである。山本・前掲『新編住居論』三七頁。

（14）長尾龍一『神と国家と人間と』（弘文堂、一九九二年）九六頁は、「パヴロフの条件反射をモデルにしたアメリカ流の行動科学とか、心理学とかがあまり人間や人間社会の理解に有効でないのは、制度という要素を無視しているから」だとする。「制度」——この言葉をどのように理解するかは問題であるが——のもたらす選択肢の限定作用に着目したとき、この指摘は正鵠を得ているように思われる。

（15）長尾龍一『法哲学批判』（信山社、一九九九年）二五六—二五七頁参照。

（16）橋爪大三郎は、このことを「〈言語ゲーム〉には、端的に言って〈外〉がない」と表現する（橋爪大三郎『言語ゲームと社会理論』勁草書房、一九八五年、六七頁）。

（17）大澤真幸「意味と他者性」（『意味と他者性』勁草書房、一九九四年）一二一頁は、次のように述べる。「……選択という事態は、第一次的には、他者の視点に対して存在している……。極端な違背者が見出されることがなく、諸行為が整合的に嚙み合っている間は、われわれが選択をしているかもしれないということは、潜在化している（あるいは端的に、存在していない）。」

（18）このことは、非nLDK的な建築もまた、住宅設計を拘束する認識枠組みを生み出し得ることを示している。例えば、「打ち放し、螺旋階段、シースルーのバスルーム」を使えば先端的な住宅建築だとする認識枠組みは、既に無意識的な〈不可視化による統制〉の作用を営んでいるかもしれない。この点を含めたデザイナーズマンションに関する考察として篠原聡子「デザイナーズマンションという戦略」（『新建築』二〇〇六年八月号）参照。

（19）とすれば、民法九〇〇条四号但書前段の非嫡出子の法定相続分の規定が「強行規定でないとはいえ、国家の法としての規範性をもち、非嫡出子についての法の基本的観念を表示している」とする最大決平成七年七月五日民集四九巻七号一七八九頁に対する中島敏次郎他五名の裁判官による反対意見（民集四九巻七号一八〇七頁）の記述は、——それを法律論・憲法論としてどのように扱うかは検討を要する問題だとしても——極めて適切に問題点を指摘する記述だということになる。

(20) 権力体験について予期を媒介とした体験として説明する宮台真司『権力の予期理論』(勁草書房、二〇〇四年)参照。

(21) なお当然のことながら、その程度の指摘であれば〈法と経済学〉という手法を用いることなく、より平易に表現することが可能である。

(22) 瀬下博之「書評・飯田高『〈法と経済学〉の社会規範論』」(『ソフトロー研究』一号、二〇〇五年)一五五頁は、飯田・前掲書に対し「『合理性』が『社会的意味づけ』を形成するという通常のプロセスが抜け落ちたため」「ある行為に対する『社会的意味付け』が『どのような要因』によって形成・変化させられるのか」についての考察が不十分となっていると指摘する。本論において論じてきたように、合理的〈選択〉の概念を前提とした分析手法には明白な限界が存在する。飯田・前掲書は、「合理性」の概念が「抜け落ち」た分析を示したものというより、むしろ、貧困な分析しかもたらすことのできない「合理性」の概念を〈排除〉した分析の可能性を提示した論稿である。従って、瀬下の書評は的を射たものとは言い難い。いわゆる〈法と経済学〉の手法には一定の有用性があるが、その有用性はあくまで一定のものに止まる。その点については、長谷部恭男「比べようのないもの」(『比較不能な価値の迷路』東京大学出版会、二〇〇〇年)二九頁の、「社会科学において問題となる認識には、誰の目から見ても同一となる認識だけではなく、主体のとる視点によって異なる像が描き出されるような、そうした認識も含まれる」との指摘が想起されるべきであろう。

子安小学校の中立空間

1　制度的背景

日本の小学校の設計は、「子どもを管理するための設計」になりがちだ。これには、次のような制度的要因がある。

小学校の一学級当たりの人数は、四〇人が標準と法律で定められている。学級にはそれぞれ一つの教室が与えられる。子どもたちは、学校生活の多くの時間を、固定された教室の中で、固定された級友とともに過ごす。そこを離れるのは、体育・音楽・美術・図書・理科など、特別な設備が必要な授業の時くらいだ。雨の日は、休み時間に校庭や体育館に遊びに行けないので、一日中、教室で過ごすことも珍しくない。管理責任が複雑になるのを避けるため、子どもたちが他の教室に入ることは推奨されない。

学校生活の人間関係も、学級単位で固定される。他の学級・学年との交流は、年に数回のイベント、高学年になってからのクラブ活動・委員会活動などに限定される。また、その人間関係は極めて濃密だ。文部科学省と教師たちは、学級を「教科学習のみを行う空間」ではなく、「団体生活を身に着けさせる空間」と位置付けている。子どもたちは、学級内で「班」と呼ばれる四〜五人のグループに分けられ、先生の授業準備を手伝ったり、給食を配膳したり、動物を飼育したり、といった様々な雑用を割り当てられる。校舎の掃除も子どもたちの仕事とされる。

学級には、それぞれ一名の担任教員が配属される。学級内における担任の権限は強大だ。担任は、原則として全ての科目の教科指導をするだけでなく、生徒の生活指導も担当する。給食の食べ方、掃除、挨拶の仕方、正しい姿勢、爪を切っているか、清潔なハンカチを持参しているか、早寝早起きをしているか、家でテレビを見すぎていないか、などの監督も担任の仕事とされる。他方、子どもたちは、担任以外の教員と交流することは少ない。担任以外の教員には、それぞれの学級で何が起きているかがあまり見えない。不幸な事例では、担任教員による虐待が起きても、他の教員が気づいたり、止めたりするのが遅れることがある。

このように、小学校の学級は、閉鎖的で、人間関係が濃密で、担任の支配力が強い。この独特の文化を知らない人が日本の小学校の学級を覗《のぞ》いたなら、担任が王として君臨する主権国家のように感じるだろう。担任の支配権は、その内部では最高であり、外部からの介入から独立している。教室は領土であり、級友は国民だ。部外者は外国人観光客の地位に甘んじるしかない。担任の資質次第で、学級は暴君による絶対君主制のようにもなれば、慈悲深い君主の治める理想の王国のようにもなる。担任が子どもたちからの忠誠を失えば、無政府状態となる。こうした現象は、「学級崩壊」と呼ばれる。

こうした日本の学級システムは、小学校建築の設計をも拘束し、モデル化する。まず、それぞれの教室は、閉鎖されていなくてはならない。また、学級外での人間関係の価値は軽視されているため、交流スペースや公共空間への関心も低い。言い換えるなら、どこの学級からも「中立な」場所は求められない。学校設計は、「公共スペースを極小化した並行配置」という集合住宅によく似た設計モデルに堕《だ》しがちとなる。

2 プロジェクト

山本理顕は、「管理のための建築モデル」に挑戦する建築家だ。彼は、しばしば次のように言う。制度に拘束された建築は「施設」となる。施設は、制度に基づく管理に寄与する一方、自由であったり、意外であったりする人間関係を拒絶する。建築が、管理の道具に成り下がってはならない。

山本にとって、子安小学校は難しいプロジェクトだった。なんといっても、この小学校に通う子どもの人数は一〇〇〇人を超える。日本の小学校としては、異例の大きな数字だ。子どもが多ければ多いほど、教師たちは、子どもを管理できるかに不安を抱き、管理しやすい空間を設定す

子安小学校校舎（山本理顕設計工場 提供）

ることに注力するようになる。

山本は、建築プランを立てる中で、校長をはじめとした教師との対話を大切にした。教師たちの管理への関心に一定の理解を示す一方で、管理からの解放の大切さを教師たちに説いた。プランを何度も根本から練り直し、最終的には、幅四メートルの廊下をL字型に配置し、その両側に教室を並べる形式になった。L字型廊下の角に立てば、教員はフロア全体を見渡せる。他方で、彼は、教室の両側の壁をガラス張りにし、教室の閉鎖を許さなかった。四メートルの幅を確保した廊下は、単なる通路ではなく、内部の人々が交流する空間になりうる。

このプロジェクトの重要な要素の一つは、「環境テラス」だ。廊下の反対側にも、幅四メートルのテラスが設置された。南東と南西に窓が開く子安小学校の立地では、陽射《ひざ》しが教室の奥まで差し

環境テラス（山本理顕設計工場 提供）

込んでしまう。このテラスは、強すぎる日差しから教室を守ってくれる。また、このテラスは、外部とつながる「もう一つの廊下」としても機能する。

四メートルの廊下とテラスは、それぞれの学級の主権が及ばない中立の空間、ノーマンズランドだ。公共空間の存在は、クラス外の人々との交流の可能性を広げる。中立の空間は、制度と管理の支配から自由でいられる。その空間は、状況に応じて用途を自在に変えることができる。運動会では、環境テラスが、力を発揮した。日本の学校では、年に一回、全児童が参加するスポーツフェスティバルが開かれる。子どもたちはこの日を目指して練習を重ね、保護者や地域住民も子どもの晴れ舞台を見にやってくる。児童数一〇〇〇人を超える子安小学校では、総勢三〇〇〇人規模のビッグイベントとなる。環境テラスは、競技場のスタンドのように使われた。山本は「巨大な野外劇場のようだった」と語る。

3　実践

実際に子安小学校を訪れると、写真で見る以上に、軽やかな印象だ。環境テラスを支える外側の柱は幅三〇〇ミリと細く、威圧感がない。ところどころに設けられた広場や吹き抜けは、空間にリズムを作り出す。吹き抜けにはルーバーがデザインされていて、シルエットも美しい。プレキャストコンクリートの建築は、モジュールに支配され、単調な繰り返しになりがちだが、山本の工夫の力で、子安小学校は、遊び心にあふれている。

実際に足を運んで、いささか残念だったのが、環境テラスがいまだ十分に活用されていなかったことだ。休憩時間にテラスが解放されていたなら、子どもたちは思い思いに活動することだろう。しかし、落下事故への懸念を理由に、先生のいるときにしかテラスに出てはいけないという学校のルールが作られたようだ。

環境テラスは、子どもたちが理科の授業の一環として育てる、朝顔やプチトマトの植木鉢を置く場所として使われていた。環境テラスはどこの学級にも属さない場所だったはずだが、植木鉢の配置によって、ここまでが一組のテラス、ここからは二組のテラス、という感じで、緩やかなゾーニングが発生していた。「学校の空間は、学級ごとに区切られなくてはならない」というモデルの影響力の強さを感じる。このあたりは、現代の国際社会で、「どこの主権国家にも属さない土地があってはならない」という主権国家モデルと通じるものがあるかもしれない。

とはいえ、豊かな空間は、人々があまり意識しないままに、子どもたちに良い影響を与えているようだ。児童数の多さの割に、狭苦しさを感じることはない。校長先生は、廊下が広くなり、けがをする子どもが減ったと教えてくれた。

また、環境テラスは、日光に加え、学校外からの視線を緩和していることも分かる。「遮断」ではなく、「緩和」というのが重要だ。窓をなくして壁で取り囲めば、日光も視線も遮断できるが、それでは息が詰まる。他方、公道から直接の視線が入りこむのも、居心地が悪い。教室の窓と外部との間に、テラスという曖昧な空間があることは、生徒に安心感を与えるだろう。実は、山本は、自邸の「ガゼボ」や「横須賀美術館」など、他の仕事でも、一枚膜を作り、さらに外側を膜で覆う設計をしている。透ける素材を二重にすることの妙を感じる。

山本は、著書の中で、住宅に外部との「緩衝地帯」を設ける意義を説くアレントの議論をしばしば引用している。緩衝地帯とは、住宅の外部から気軽に立ち入れる空間であり、住民のプライベートとパブリックの間にある中立地帯とも言い換えられる。

日本の伝統的な住宅設計には、「縁側」という空間がある。縁側は、庭に面した日当たりのよい板敷の通路だ。内と外の境にあるこの緩衝地帯は、日光浴しながら座り込む場であり、庭にやってきた客と気軽に交流する場でもある。子安小学校の環境テラスを見て、縁側を思い出す人も多いはずだ。

近年、日本の小学校のモデルには、批判の声があがっている。狭く閉じた教室での濃密な人間関係は、教員による、あるいは子ども間の虐待（日本語では「いじめ」という）を誘発する。山本のamodelな設計は、教室の閉鎖性を解き、多様な人間関係の形成を促す希望を秘めている。

＊本論は、スイスの建築雑誌『Faces（n°78, automne 2020）』に寄稿した原稿の日本語版である。同誌の特集テーマは、「Architecture neutre, architecture amodale（中立の建築、アモデルな建築）」であった。

将棋をめぐって

子どものころ、友人たちはみな習い事をしていた。しかし私は、人に言われたことを黙って実行するのが苦痛だった。塾通いもできず、唯一続いたのが将棋道場だった。「将棋などやっても、将来の役に立たないだろう」と有難い忠告をしてくれる人もいた。確かに、ピアノや水泳や習字は、学校生活の高評価にもつながりそうだし、大人になってからも何かと使いそうだが、将棋を学校生活や日常生活で使うことはあまりない。プロ棋士になれれば仕事にもなりそうなものだが、私にプロになるほどの才能がないのも明白だった。

しかし、大人になってみると、将棋を習っていたことは、大事な趣味の一つとして私の人生を豊かにしてくれただけでなく、仕事にも大いに役立っている。そもそも、将棋と法学の思考はよく似ている。特に大事なのは、「相手は一番自分の痛いところをついてくる」という前提で考えなくてはならないところだ。おまけに、いわゆる羽生世代以降、棋士たちは、日々綿密な研究に打ち込むようになり、将棋界は学者の戦いの場のようになった。学者として、棋士たちの姿勢から学べることは多い。本章は、その将棋をテーマにしている。

「ソフト新手」は誰のものか？

1　将棋ソフトの新手

コンピュータの将棋ソフトは急速に発展を遂げた。現在ではプロ棋士でも勝つのは困難だ。かつてのソフトには序盤戦術に弱点があったが、現在ではそれも改善され、序盤の研究にソフトを活用する棋士も多い。注目の藤井聡太二冠が先輩棋士の勧めで鍛錬《たんれん》にソフトを導入していることも大きな話題となった。

そんな中、最近では、ソフトに現れた手が、プロ棋士の公式戦の「新手《しんて》」として登場することも珍しくない。新手とは、広い意味では、プロ公式戦で過去に指されたことのない手を言う。過去の棋譜の通りに並べるだけでは対局にならないので、プロの対局では、必ずどこかで新手が出る。その中には、画期的な新戦法を示したり、従来の常識を覆し、先手後手の優劣評価を変えてしまったりするものがある。狭い意味での新手とは、そうした将棋界で高く評価される手のことを言う。

かつての大名人、升田幸三《ますだこうぞう》は、見る人を喜ばせる新手を指すのが棋士の仕事だと自負していた。そして、「新手一生」という言葉を好んで揮毫《きごう》した。その功績を記念し、日本将棋連盟は毎年、素晴らしい新手を指した棋士に、「升田幸三賞」を授与し表彰している。

これまでの新手は、人が頭の中で考えたものだった。しかし、今後は、ソフト由来の新手が、その年の最も素晴らしい新手だったということも十分想定される。それをどう評価すべきなのだろうか。

もちろん、誰が考えた手であれ、自ら敗戦のリスクをとって、公式戦でその手を指した棋士は称賛されるべきだ。将棋というのは、奥が深い。ソフトがいかに深く読んだ手であっても、実際に指してみて初めて見つかる問題がある可能性もある。ソフトにとっての最善手が、人間相手の対局で勝ちやすい手であるとも限らない。そうした不安を抱えながら、あえてそれを実行した人は間違いなく偉い。とはいえ、ソフトがなければ思いつかなかった新手を、自分の頭脳だけでゼロから考え出した新手と同じように評価したり、升田幸三賞の対象にしたりすることには、違和感がある。

では、ソフト新手について、ソフトの開発者を称賛や表彰の対象にしてはどうか。強いソフトを作るには、相当な知恵と努力が必要で、開発者を称えるべきなのは当然だ。しかし、「ある具体的な新手について」ということになると、開発者の功績と言い切ってよいのかは微妙になる。ソフトの一手は、開発者がその手を指すように指定した手ではない。ソフトが学習を繰り返して複雑な評価関数を作り出し、それに基づいて先の展開を計算した上で出された結果である。プロを凌駕《りょうが》するソフトの場合、開発者自身も、ソフトがなぜその手を指したのか、理解できないことも多いという。自らが理解できないことを理由に表彰されても、表彰の意義を見出し難いだろう。それでは、ソフト自身を称えたり、表彰したりするのはどうかとも思うが、これもいかにも奇妙である。

このように、ソフト新手の称賛や表彰の対象が誰なのかを決めるのは、なかなか難しい。

2　AIの法的・社会的責任

類似の事態は、AI技術の発展によって、社会のいたるところで生じる可能性がある。例えば、自動車の運転が全自動化されたとき、その車の事故の責任はどこに帰属するのか。高度の自律性を備えたロボット兵器が、民間人の大量虐殺など使用者の思いもよらない被害を生じさせたとき、誰が責任を負うべきなのか。弁護士や医師の業務がソフトにより行われたとき、ミスから生じた損害は誰の責任になるのか。

こうした問題は、「AIの意思の有無」という形で議論されるのが一般的だ。近代的な法や社会規範では、責任は意思に帰属する。AIに意思が認められるなら、AIも法や社会規範の責任主体になる。ソフトが升田幸三賞を受賞してもよいし、ロボット兵器が軍事法廷にかけられてもよい。そんな議論になりそうだ。

しかし、責任の問題を意思の有無で解くのは、実は、転倒した議論だ。というのも、法は、「意思があるから責任を問う」のではなく、「責任を問うべきところに意思を認めている」からだ。

例えば、Aが殺意を持ってBをナイフで刺し、Bを殺したとしよう。法的には、当然、Aの責任になる。しかし、よく考えれば、Bの死の結果はAの意思だけに起因するわけではない。Aの行動を止めようとしなかった周囲の人の意思決定も、Aに殺されるような場所に行こうとしたBの意思決定も、Bの死の原因だ。もちろん、「周囲の人やBはAの計画を知らなかったのだから、回避不可能だった」という議論もできるだろう。しかし、Aの意図の不知も、「Aの意図を詮索しない」という周囲の人やBの意思の帰結だ。さらに言えば、Aの周囲の人だけでなく、この世界にいるすべての人が、「Aの意図を詮索しない」という意思決定をしている。とすれば、Bの死は、Aのみならず、あらゆる人の意思の結果であり、あらゆる人はBを殺す意思決定をしていると言える。

それにもかかわらず、法的には、Bの死の責任はAの殺意のみに帰属するのはなぜか。法的責任や規範的責任は、将来の人の行為を奨励したり抑制したりするための概念だからだ。人間は、いかなる意思決定をすると、いかなる結果（制裁または褒賞）が生じるのかを学習し、将来の自分の行動を変える。法的責任や社会的責任の概念は、奨励したい行為を奨励し、抑制したい行為を抑制するためにある。つまり、責任を帰属させると将来有意義な帰結が生じるからこそ、そこに意思があったことになるのだ。

ＡＩから生じたミスの責任を誰が負うべきかは、「誰に責任を負わせればミスを削減できるか」という観点から決することになる。プログラミング段階で禁止すべき行為をすべてコントロールできるならば、プログラマーの責任ということになろう。もしもＡＩ技術がＳＦレベルに発展し、ＡＩの学習内容をプログラマーが制御不能になったならば、ミスをしたＡＩを壊すしかなくなることだろう。

3　政治家の意思と責任

ところで、政治家も人間であるからには、褒賞を与えられる活動には積極的になり、制裁を与えられる活動には消極的になるはずだ。もしも政治家が国民の望まない政治をしているとすれば、政治家への賞罰が適切に機能していないということだ。

では、政治家に対する賞罰とは何か。民主国家においては、選挙における得票数の増減、すなわち当落がもっとも明確な賞罰だろう。あるいは、街頭活動での声援やヤジ、メディアでの報道、集会での人の集まり、テレビやラジオに出演したときの視聴率、聴取率、反響といった様々なものも、政治家への賞罰となる。

こうした賞罰を与えるのは、いずれも究極的には主権者たる国民だ。国民が政治に興味を持ち、個々の政治家の活動を適切に評価し、その評価をしっかり伝えていかねば、国民の望む政治は実現しない。政治に関心を持ち、適切に評価するために勉強を続け、伝えるための行動をとることは、忙しい現代人には大変だ。しかし、それでも、やれることからコツコツやっていくしかないのだと、しみじみ思う。

まさかの幕切れ（第七四期名人戦第二局観戦記）

第七四期名人戦では、羽生善治名人に、佐藤天彦八段が挑戦した。第一局は、羽生名人の勝利。第二局は、長野県松本市で行われ、挑戦者が勝利した。佐藤八段は、第三局以降、三連勝し、念願の名人位を獲得した。

人の心に残る対局を名局と言うなら、この一局は間違いなく名局だ。まさかの幕切れに、私も未《いま》だに心の整理がつかないでいる。

一日目、先手の佐藤天彦八段が選んだのは「矢倉」だった。玉を守る堅牢な城を築く戦い方だ。控室では、「松本城の見学で思いついたのでは」と声が上がる。終局後、佐藤八段に確認すると、笑いながら「違います」。思い付きで戦法を選べるほど、将棋は甘くない。

二日目に入り、局面は一気に緊迫していった。名人の玉は薄く、一つ間違えれば一気に潰される。挑戦者も駒損で、攻めをつなぐのは容易ではない。両対局者ともに、二日目は終始苦しかったと振り返った。

もっとも、対局室の空気はピリピリ、ギスギスという感じではない。羽生善治名人は、その難しさを楽しんでいるようにさえ見えた。どこから手を付けていいのか分からない。そんな中から、忍耐強く手を創っていくのが名人の真骨頂だ。佐藤八段は、驚くほどの自然体。行きの電車で趣味のクラシック音楽の話をしているときの印象のままだ。

局面が佳境を迎えたのは、夕方の休憩後。検討陣の予想に反し、名人が△5五桂で攻め合いに出た。溜《た》めていた力を解放し、挑戦者に圧力をかける。これまで攻めていた佐藤八段は、玉を早逃げせざるを得なくなる。劣勢を意識したのか、大きなため息と共にうつむいた。他方、羽生名人は、時折「そうか」と呟《つぶや》きつつ、舞うような手つきで佐藤玉を追い詰める。吹き始めた追い風をしっかりと捉えたかのように見えた。

ギリギリの攻防が続き、持ち時間の長い名人戦では珍しく、両者一分将棋に入る。そこで待っていたのはまさかの幕切れだった。名人が詰みを逃したのだ。

難しい詰みではあったが、控室には、どよめきが広がったという。その一瞬のスキをついて、唐突に羽生玉が捕まった。「三桂あって詰まぬことなし」の格言通り、羽生玉は桂馬でがんじがらめにされていた。

終局直後、名人は淡々と対局を振り返っていた。しかし、記者から詰みがあったことを指摘されると、「あっ」とこぼした。感想戦の空気は、対局中とは打って変わって、ずっしりと重たくなった。周囲の棋士たちは、誰も名人に声をかけられない。自分を許せない名人の心境がよく分かるからだろう。

佐藤八段は、中学生のある時、ホグウッド指揮モーツァルト三大交響曲の演奏会に魅了され、クラシック音楽のファンになってしまったそうだ。素晴らしい演奏会や試合は、人を魅了し、新しいファンを生む。今回の名局をきっかけに、将棋ファンになってしまった人が確実にいるはずだ。

【図　第74期名人戦第2局153手▲2四飛まで】
図では、△8九銀▲同玉△6七角成からの詰みがある。この局面で、羽生名人は、守りの手を指し、詰みを逃した。
（主催：朝日新聞社・毎日新聞社・日本将棋連盟）

名人が逃した詰み

佐藤が2八の飛車で2四の歩を取った一五三手目▲2四飛の局面。ここで佐藤玉に詰みが生じていたが、羽生はこれを逃した。

詰み手順は、△8九銀▲同玉△6七角成▲同金△7八金▲同玉△8六桂▲8九玉△7八銀▲8八玉△7九銀不成▲8九玉△7八桂成▲同玉△6八馬▲8九玉△6七馬▲9八玉△8八金まで。

実戦は△3四銀▲4四金△5四歩▲7五桂打△同歩▲同桂までで、佐藤が羽生玉を詰まして逆転勝ち。

それぞれの個性を磨く先に（第七七期名人戦第一局観戦記）

第七七期名人戦では、佐藤天彦名人に、豊島将之二冠（棋聖・王位）が挑戦した。第一局は、東京都の椿山荘で行われ、豊島二冠が勝利した。豊島二冠は、その後、三連勝し、名人位を獲得した。

誠に勝手ながら、私は、佐藤天彦名人を見ると明るいヴェルサイユ庭園を、豊島将之二冠を見ると静かな竹林を思い出す。名人戦第一局を観戦して、そのイメージをより強固にした。

佐藤名人は、畑正憲氏との対談で、今期の名人戦では「皆さんが見て面白い将棋を指したい」と語った。自分の勝負だけではなく、ファンにも視線を向けており、余裕と凄《すご》みを感じさせる。実際、佐藤名人の棋譜は面白い。過去三期、名人の意表を突く序盤のアイデアや、中終盤の攻撃的ともいえる強靱《きょうじん》な受けを観《み》て、ワクワクした人は多いだろう。

他方、豊島二冠の勝局の棋譜は、極めてスマートなものが多い。通常、トップ棋士の対局は、勝つ側から見ても山あり谷ありで、棋譜には、数々の難所を乗り越えた厳しさが記録されるものだ。しかし、豊島二冠の場合は、相手の攻めは受け流され、最小限ながら必要十分の攻めが決まる。精密な序盤研究が早い段階でのリードを作り、そのまま中終盤を隙《すき》なく進めていく印象だ。

今回の第一局では、まず、豊島二冠らしさが存分に発揮された。選ばれた戦型は「角換わり」。ここで、豊島二冠は、四〇手目△２二銀の新手《しんて》を出した。壁銀で玉が逃げにくくなるため、思いつきにくい手だが、角のラインを防ぎ、端からの攻撃にも強い。攻める佐藤名人は、時間を使わされ、せっかくの先手番にもかかわらず、千日手に追い込まれた。豊島二冠が序盤研究の成果を見せつけた格好だ。

千日手の成立時刻が午後三時を過ぎていたため、翌日の朝に初手から指し直されることになった。これは、平成の名人戦で一度も起きていない珍しい事態である。

指し直し局では、佐藤名人が「横歩取り」へ誘導し、豊島二冠が受けて立った。後手の佐藤名人が三四手目△８二銀という斬新な手を出すと、豊島二冠は二時間近く長考する。豊島二冠の研究すら及ばない創造力に、ファンは魅了された。

終局後、この長考が後の展開にどれだけ活《い》きたのかと尋ねてみたところ、豊島二冠は、「あまり役立ちませんでした」とはにかんだ。ただ、その後の一手一手は、地味ながら着実に名人を苦しめる。印象的だったのは、中央の攻めを受け止め、逆に攻撃拠点を作る四九手目▲５六銀だ。この銀が中央に展開する桂馬を支え、終盤では、名人の最後の砦《とりで》を崩す捨て駒となった。序盤の小さなリードを最後まで譲らず、簡にして要の攻め筋が決まる豊島二冠の強さのよく分かる棋譜になった。

他方、痛い初戦となった佐藤名人だが、前夜祭から感想戦まで、その立ち振る舞いは飄々《ひょうひょう》としており、駒音までもが、最後まで軽やかだった。その言葉は、常に明るい。千日手となり、不利な条件で指し直しになったことについても、「前向きに指せればと思った」と語り、全体を通じ「積極的に指せたところもあった」と自信をもっていた。確かに、序盤の斬新なアイデアや、終盤の入り口まで挑戦者に決定打を与えない強靱さも圧巻だった。どのような時でも、明るくマイペースを崩さないのが名人の強さである。

強さの在り方は決して一つではなく、それぞれの個性を磨く先に、多様な超一流の世界がある。将棋界の頂点に立つ二人が、名人戦の舞台を通じて証《しょう》してくれたこの事実は、個性を潰されそうになって苦しんでいる人たちに、大きな希望を与えてくれることだろう。

藤井二冠の謙虚さ（第六一期王位戦第四局コメント）

第六一期王位戦では、木村一基王位に、藤井聡太七段が挑戦した。藤井七段は、王位戦と並行し、渡辺明棋聖にも挑戦していた。棋聖戦では、渡辺棋聖を三勝一敗で下し、史上最年少タイトルを獲得した。また、王位戦でも、四連勝し、史上最年少二冠の記録を作った。

将棋は、観戦すればするほど、ますます楽しく、そして辛《つら》くなる。タイトル戦に登場するのは、当然のことながらトップ棋士。それぞれに独特の華があり、応援してしまう。番勝負が決着するとき、勝者を観《み》る喜びと、敗者を観るやるせなさを同時に味わうことになる。第六一期王位戦は、その最たるものだった。

挑戦者は、一八歳の藤井聡太棋聖。今や「天才」の代名詞だ。ただ、藤井棋聖の言葉はいつも謙虚だ。王位獲得後のインタビューでも、「四連勝という結果は実力以上の結果」と語る。私も一度インタビューしたことがあるが、定型句ではなく、自分の言葉を一つ一つ丁寧に紡ぐ姿が印象的だった。

藤井棋聖の謙虚さは、どこから来るのか。

我々が、「将棋」と言われて思い浮かべるのは、駒をそれぞれ二〇枚並べて行う「本将棋」だろう。ただ、将棋には他にも、「はさみ将棋」「中将棋」などいろいろある。詰《つめ》将棋作家の橋本孝治氏によれば、本将棋とは、「攻方王手義務のない変則詰将棋」の一問だ。それは、神様の目から見れば正解手順はある、ということ。しかし、歴代名人たちが四〇〇年以上考え抜き、最新のＡＩ（人工知能）を投入しても、いまだ解の手がかりにもたどり着けない。将棋に取り組んでいると、常に人間の限界を意識せざるを得ない。そこに謙虚さが宿るのではないか。

そんな藤井棋聖が、最年少二冠獲得という偉業を達成するのを観たい。そう思わない将棋ファンはいなかっただろう。

しかし、である。藤井棋聖が挑戦したのは、木村一基王位だった。

木村王位は、将棋ファンの間でも大変な人気を誇る。木村王位の大盤解説は、ポイントを的確に押さえつつもユーモアがあふれる。木村王位の揮毫《きごう》では「百折不撓《ひゃくせつふとう》」が有名だが、八段時代に作った扇子の揮毫は「楽勝」。

そんなお茶目さも見せる木村王位だが、対局の場では恐ろしい存在だ。序盤の作戦準備は周到で、中終盤では相手の攻め駒を潰し、攻撃的に受け切ってしまう。強靭《きょうじん》な受けの印象は特に強く、「千駄ヶ谷の受け師」の異名も持つ。

木村王位の人柄にも、将棋内容にも、多くのファンが魅了されている。木村王位は何度もタイトル戦の大舞台に立ちながら、あと一歩のところでタイトルに届かなかった。その木村王位が、二〇一九年、歴代最年長の四六歳で初タイトルを獲得した。せっかくの初タイトルを一シーズンで失う姿など観たくない。

「どちらの負けも観たくない」。そんな思いを抱えながら、第六一期王位戦を見守った将棋ファンは多いはずだ。

開幕から挑戦者三連勝の結果となったが、内容的には拮抗していた。木村王位は、これまで王位戦に四度登場し、いずれも第七局まで戦い抜いている。才能・実力・勢いと三拍子そろった藤井棋聖といえども、木村王位相手の四連勝は容易ではない。しかし、第四局の内容は、藤井棋聖の圧巻だった。

一日目は、木村王位が藤井棋聖の飛車に銀をぶつけた局面で封じ手となった。相手の攻め駒を逆に攻める、木村王位らしい流れだ。大事な飛車が攻められれば、逃げるのが普通。藤井棋聖は飛車を逃がすだろうというのが、封じ手予想の本命だった。ただ、解説担当の棋士や将棋ソフトは、飛車を切り、激しく戦う可能性も指摘していた。

ファンからすれば、飛車を切って激しくなれば最高に面白い。しかし、それは観戦者の無責任な願望にすぎない。「ファンが喜ぶ手」が「勝てる手」である保証など全くない。一日目の段階で、「飛車を切れば、藤井棋聖の勝ち」とまで言い切る予想はほとんどなかった。

そんな中で迎えた二日目の朝。藤井棋聖の封じ手は、飛車を切る手だった。対する木村王位も、負けず劣らずの激しい道筋に踏み込み、一瞬たりとも気が抜けない展開が続いた。これほど華やかな展開になったのは、藤井棋聖の切り込みを受けて立ったのが、他ならぬ木村王位だったからだろう。最終的には、藤井棋聖が、猛攻を紙一重でかわし、見事に勝利した。

個人的な話で大変恐縮だが、私の名は木村草太。木村・聡太対決には、格別の思い入れがある。木村前王位は、終局後、「一からやり直す」と、さらに実力をつけての再戦を誓った。そして、その四日後、自身初の王将リーグ入りを決めた。王将リーグには藤井二冠もいる。木村・聡太の再戦が心から楽しみだ。

本や映画のこと

当たり前のことだが、憲法について、適切に考え、適切に議論をするには、適切な枠組みが必要だ（これは、当たり前というよりトートロジーだ）。学問に限らず、何かを考えるときには、適切な枠組みが必要だ。熟慮された本や映画に接することは、自分の枠組みを築く助けになる。

リップシュタット教授は、ホロコースト否定論の歴史を扱った著書『Denying the Holocaust: The Growing Assault on Truth and Memory』（The Free Press 1993／邦訳『ホロコーストの真実』上・下、恒友出版）で、「ホロコーストの存在は、議論の対象になる問題ではない」と強調した。否定論者が専門家と「議論」しようとする目的は、歴史学者と対等に「議論」することで、否定論を「歴史学的に尊重されるレベルに高め」、彼らが「本来であれば、およそ得られない正統性と名声」を獲得することにあるのだ。

昨今、教育現場では、「考えさせること」「議論させること」の重要性が強調される。確かに、思考や議論は重要だ。しかし、誤った問題設定は誤った議論しか生み得ない。適切な枠組みを伴わない安易な両論併記は、結局のところ、差別や虚偽への加担だ。

緊急時に、あなたは何をするのか

感染症をテーマにした文学作品として、カミュ『ペスト』（宮崎嶺雄訳、新潮文庫、一九六九年）や小松左京『復活の日』（角川文庫、二〇一八年）が最注目されているようだ。私としては、そこにコニー・ウィリス『ドゥームズデイ・ブック』（上・下、大森望訳、ハヤカワ文庫SF、二〇〇三年）を加えていただきたいと思う。

どんな病気でも、その克服にはもどかしいほど時間がかかる。個人レベルでは、罹患から回復までに、辛い時間を過ごさねばならない。社会のレベルでは、病原体の特徴や有効な治療法を摑《つか》むのに、膨大な研究が必要だ。

さらに、今回の新型コロナウイルスは、例えば季節性インフルエンザと比べ、潜伏期間も回復にかかる期間も長い。免疫を持つ人がほとんどいないため、感染拡大を防ぐために、感染者には隔離措置がとられる。検査だけでも、検体採取から結果判明まで数日かかることがあるという。社会的な対策も、すぐに結果が出ない。多大な経済的犠牲のもとにロックダウンをしても、その効果が現れ始めるのは二週間後。さらに、十分な効果を得るには、何週間にもわたって、他者との接触を必要最小限に抑えねばならない。

新型コロナウイルス対策では、これまでの病気に比べても、多くの人が長くつらい時間を過ごさなくてはならない。大澤真幸はこの状況をとらえて、「終わりなき終わり」と表現した。宮台真司の名言「終わりなき日常を生きろ」にかけた言葉だ。では、終わりなき終わりを、どう生きればよいのだろうか。こんな疑問が生じたときに、思い出したのが、『ドゥームズデイ・ブック』だった。

著者のコニー・ウィリスは、『航路』（上・下、ハヤカワ文庫SF、二〇一三年）や『犬は勘定に入れません――あるいは、消えたヴィクトリア朝花瓶の謎』（上・下、大森望訳、ハヤカワ文庫SF、二〇〇九年）などで知られる、現代SFの女王。短篇「インサイダー疑惑」（『マーブル・アーチの風』大森望訳、早川書房、二〇〇八年）のようにユーモア溢れる作品も多いが、美しいシリアスな作品も数多く手掛けている。彼女の作品を読んでいると、本当に同じ著者の作品なのかと驚かされるが、ウィリスは、シェイクスピアも喜劇と悲劇を同じ筆で著《あらわ》したではないかと言う。

この物語の設定では、二一世紀にはタイムトラベル技術が確立し、「現地研究」が歴史学の必須手法となっている。主人公ギブリンはオックスフォード大学の史学生で、中世史研究のため、一四世紀イギリスにタイムトラベルする。穏やかな村落生活を体験するつもりが、思いがけず、疫病と戦うことになる。他方、二一世紀のオックスフォードでも謎の疫病が流行し、大学が隔離されてしまう。指導教官のダンワージー教授はギブリンを現代に連れ戻そうとするが、タイムマシンの技術者と連絡がとれなくなるなど、にっちもさっちもいかない。

タイムトラベル物には珍しく、筋自体はシンプルで、複雑なタイムパラドックスも発生しない。この小説の凄みは、ウィリスの丁寧な描写にある。紙の本を手に取っていただければわかるように、この作品は物理的に「長い」。中世の生活描写は、現地調査をしてきたかのようだ。一四世紀と二一世紀それぞれの疫病との戦いでは、ちょっとした異常事態にしか見えなかった出来事が、瞬く間に歴史的な深刻さへと発展し、暗い時間に耐え続ける人々の様子が描かれる。この辺りは、「終わりなき終わり」の真っただ中にある、我々の現実とも重なる。

登場人物たちは、それぞれの個性を発揮して、自分のなすべきことをする。ギブリンが置かれた一四世紀の状況は過酷で、私ならやけっぱちになって、自殺や暴力など極端な行動に走ってしまいそうなところだ。しかし、彼女は知識を総動員し、できることを探し続ける。「終わりなき終わり」を生き抜くには、そうした柔軟な努力が何より大切なのだ。

他方、二一世紀のダンワージー教授は教え子を救うため、タイムマシンの修理に人々を巻き込んでいく。深刻なパンデミックの最中、タイムマシンの修理など「不要不急」に思われるかもしれないが、教授にとっては教え子の危機であり必要緊急の事態なのだ。遠慮なんかしていられない。とにかく声を上げ、わずかなとっかかりに必死でくらいつき、その努力が実を結ぶ。教授の態度は、見ようによってはわがままに映るかもしれない。しかし、教授の姿を見ると、「緊急事態だから仕方がない」と声を上げるのを我慢することで、対策を講じるべきであり、また、講じることは可能だったのに放置された課題があったのではないか、という思いを抱いてしまう。

このように、『ドゥームズデイ・ブック』は、「終わりなき終わり」の中で、自分の目指すべき姿を見せてくれる。こんな時だからこそ、広く読まれてほしい。

最後に、新型コロナウイルスとの戦いでは、ステイホームをいかに快適に乗り切るかが大事で、それには面白い本は欠かせない。この点、本書には、『犬は勘定に入れません』、『ブラックアウト』（上・下、大森望訳、ハヤカワ文庫ＳＦ、二〇一五年）、『オール・クリア』（上・下、大森望訳、ハヤカワ文庫ＳＦ、二〇一五年）という素晴らしい姉妹篇がある。大奮闘するダンワージー教授を、ぜひ応援していただきたい。

弱い真理は誘い、導く

はじめに

インターネットを見ていると、「分かる気のない人には、何をどう伝えても無駄」という現象がしばしば観察される。これほどまでに分かり合えない人同士が、どうやって共存できるのだろうか。

そんなことを考えて、ふと手にとったのが、國分功一郎『スピノザの方法』（みすず書房、二〇一一年）だった。スピノザ（一六三二―一六七七年）はオランダで活躍した哲学者で、『デカルトの哲学原理』と『神学・政治論』の二冊を刊行し、五冊の書物を書き残している。『神学・政治論』は、政治権力と宗教との関係や信教の自由について論じた著書で、憲法学者の間でも注目されている。例えば、私の先輩である福岡安都子氏は、この本の聖書解釈をテーマに、『国家・教会・自由――スピノザとホッブズの旧約テクスト解釈を巡る対抗』(東京大学出版会、二〇〇八年)という浩瀚《こうかん》な論文を上梓した。
國分氏の著書は、スピノザの『知性改善論』『エチカ』『デカルトの哲学原理』などを丹念に読み解き、スピノザの思考方法を探求したものだ。とても面白い本だったので、紹介してみたい。

1 無力な真理

國分氏の著書で印象的なのが、スピノザの「真理」についての説明だ。普通、「真理」というと、それを示せば、どんな相手も制圧できる強力な何かを思い浮かべる。「これが真理だ」というセリフには、「どのような相手でも論破できる」という自信があふれており、そう言われた相手は、煩わしく思うことだろう。

デカルトは、全てを疑う強烈な懐疑論者を設定し、彼らに対し「自分が何かを知っているという事実をどうすれば確証し、伝達し、共有できるか、それを徹底的に考えた」。デカルトの「真理」は、いかなる懐疑論者も疑い得ない「一撃必殺の真理」だ。有名な「cogito ergo sum」の命題も、「私が考えている」という、いかなる者にも否定できない事実から、他者の懐疑を制圧する真理の出発点だ(同書四七頁)。

これに対し、スピノザの「真理」は、人当たりが柔らかい。スピノザを支配する思考のイメージは、「人はあることを知っているとき、自分がたしかにそれを知っているという事実を知っているのであって、自分が本当に何事かを知っているのかどうかを誰かに尋ねる必要もないし、自分が知っているのかどうかを判断する基準も必要もない……」という。「自分が何かを知っているという事実を確証するための基準を、その事実以外のところに求めないということは、他者とその事実の共有を求めないということ」だ（同書四六頁）。

スピノザは、自分が知っていることを疑うような懐疑的な他者を視野に入れない。スピノザにとって、「真理」は「適切な様式によってそこに到達したときに」知ることができるもので、その「様式」を通り抜けない人には伝達できないものと、ある意味端《はな》から諦めている。

スピノザは、懐疑論者、というより他者を、論駁《ろんばく》しようとか、説得しようという方向を持たない。未完の著書『知性改善論』四七―四八節で、スピノザは懐疑論者について、「結局このような人間とは、学問について語ることができない」と切り捨てている。スピノザにとって、真理は、「討議のような場においてはまったくの無力」な弱いものだ（同書五二頁）。

こうした議論を見ると、まじめな人ほど、「真理とはそういうものでよいのだろうか」と不安になるだろう。

2 デカルトを読むスピノザ

では、スピノザは、デカルトの必殺技、「cogito ergo sum」の命題をどのように受け止めたのか。

スピノザにとって重要なのは、「私は思惟する、ゆえに私は存在する」の命題は、「大前提の隠された三段論法ではない」ということだ。デカルトの命題が、「①思惟している者は、存在していると言える（大前提）、②ところで、私は思惟している（小前提）、よって③私は存在している（結論）」という三段論法の①大前提を隠した表現だとしたら、この①大前提が懐疑の対象になってしまいデカルトの立論は崩壊する（同書一二〇頁）。

そこで、スピノザは、「cogito ergo sum」は、「ego sum cogitans（私は思惟しつつ存在する）」と同義の単一命題だとする（デカルトの命題では、cogito と sum が分節されているのに対し、スピノザは cogito を cogitans という現在分詞の形にする）。これは何かを証明するものではなく、思惟している状況を描写するだけの命題だ。國分は、こうした命題の展開は、「デカルト哲学を困難な方向へと追いやる原因となっている説得というモーメントをそこから削り取ろう」とするものだという（同書一二二頁）。

スピノザは、デカルトの神の存在証明についても、同様の方向で読解する。デカルトは、神の存在について、経験的な証明と先験的な証明の二つを立てつつ、経験的な証明を前面に出した。デカルトは他者の説得に拘《こだわ》ったために、現に人々の中にある「既成事実としての神の観念」からの証明に力点を置かざるを得ないのである。他方、スピノザは、説得にとらわれないため、現に人々がどのような神の観念を持っているかということとは無関係に、神の観念を構築し、そこから神の存在を導き出すべきだとする。かくして、先験的な証明が高く評価される（同書二四二頁）。

ここでも、スピノザは、他者への説得から自由である。この身軽さは魅力的だ。しかし、この自由は、「分かる奴には分かるし、分かる気のない奴には何をどう伝えても無駄」という身もふたもない結論に陥らないか。スピノザを読んでも、インターネットを観察すれば分かるような、どうでもよいことしか理解できないのではないか。

3　誘い、導く

しかし、國分は、スピノザは、「精神の本性と法則」を「認識しなければならない」と説く合理主義者だという。それは、「分からない奴は放っておいてよい」という人ではないということだ。

スピノザによれば、「精神の本性と法則」は、認識する当の本人によって発見されない限り、当人にとっては「分からない」。「あ、分かった」という経験は、当人に「分かる」とはどういうことかを理解させる一方、当人以外の誰かには何も伝えられない。そうだとすれば、一撃必殺の普遍の真理を示して、無理やり説得しようと試みても、それは徒労にすぎない。

では、どうするのか。スピノザは、「無限に多くの属性を有する実体という原理、すなわち神の観念」へと至る思惟の手続を見せることで、一緒にやってみようと我々を「誘い、導く」。スピノザの方法は、各々の精神の特異性を考慮に入れて、各々の精神の力を導き出すことなのだ

（同書三五〇、三五四―三五六頁）。

國分は、スピノザを「近代哲学の夢を、近代哲学とは違うやり方で達成しようとしている」と評価している。

おわりに

人文書の中には、難解な専門用語をちりばめ、よほどの専門家でなければ知らないことに「周知のように」との枕詞をつけてすっ飛ばし、門外漢をはねつけるようなものもある。これに対し、國分氏の著書は、丁寧な言葉遣いや鮮やかな小括があり、私のような専門外の読者にも心地よい（もちろん、哲学の専門家でないと十全に理解できないところは多々あるのだろうが）。読みながら、「なぜ、こんなに爽やかに論を進めるのか」と不思議に思ったが、考えてみれば、スピノザの「誘い、導く」方法を実践していたということがよく分かった。

私が研究対象とする「法」は、多様な価値の共存のための枠組みである。この世界には、様々な世界観、歴史観、宗教など、様々な価値があり、それぞれの価値は、時に苛烈《かれつ》に対立する。法について伝えようとするとき、どうやってこの「分かる気のない人」に伝えたらよいのか、と途方にくれることもある。

國分氏が示した「スピノザの方法」は、説得とか、一撃必殺の真理による強要ではない、伝え方の可能性を教えてくれた。各々の個性と力の尊重という方法は、近代憲法の中核にある「個人の尊重」という考え方とも共鳴する。

このように思いがけない視座を与えてくれるのが、人文書の楽しみである。

グローバルな戦国歴史小説

並の人間なら、ネットで調べて大体わかった気になったところが、知的好奇心の限界だ。しかし世の中には、無限の知的好奇心の持ち主がいる。新城カズマ氏は、間違いなくその一人だ。

新城氏は、水路地散策から街の歴史を探り、ラテン語文法から宇宙の真理を読み取り、果ては、言語まで自分で創作してしまう。

作風は壮大で、登場人物は知的な曲者《くせもの》だらけ。机上にいながら時空を越えた探検を味わえるのが新城作品の魅力だ。『島津戦記』(新潮社、二〇一四年)は、そんな新城氏が、初めて挑戦した長編歴史小説だというのだから、惹きつけられずにはいられない。

舞台は、戦国黎明期の薩摩。主人公は、結束力で諸大名から一目置かれた島津四兄弟である。南に大洋の広がる薩摩は、日本と世界をつなぐ要所。朝鮮、明はもちろん、遠く欧州からも、ヒト、モノ、カネ、そしてもっと厄介な物事が流れ込む。知的好奇心を刺激する大事件が起こらないはずが無いではないか。

物語は、冒険商人ピントが、島津の大殿に、黒い面紗《めんしゃ》で顔を隠した謎の南蛮人の庇護を依頼するところから動き出す。ピントは、島津に大いなる危機が迫ることを告げ、「あらゆる希望と呪いの詰まったおそるべき箱」を託す。なんともスリリングで魅惑的な大風呂敷が広げられたわけだ。

さらに読み進めると、その南蛮人の正体は、キリスト教徒の追撃から逃れてきたイスラーム世界の姫君で、箱の中には、かつて大艦隊を率いた鄭和の船団の秘密が収められていることが明かされる。読者は、戦国時代の日本が、複雑なグローバル経済の中にあったことを意識する。読み始め時の想像をはるかに超えた、世界レベルの大風呂敷が出てくるのだから驚きだ。

そこで、島津四兄弟は、どう動くのか。このあたりの計略は、複雑な連立方程式が鮮やかに解かれる過程を見るようである。

本に知的好奇心を求めるあらゆる読書好きにお勧めしたい一冊である。

効率至上主義の対極に

著者の木庭顕先生は、現在、東京大学名誉教授だ。通常、書評執筆で著者に「先生」とは付けないのだが、私が現に通っていた大学の先生なので、ご理解いただきたい。私の学生時代、木庭先生は東大法学部のスター教授で、ファンの学生たちは、ラテン語とギリシア語の辞書を傍らに、先生の著作の読解に取り組んだ。もっとも先生は、少数精鋭の読者を獲得して満足する人ではない。最高峰の学問的営為を入門者向けに伝えることにも熱心で、二〇一七年には中高生を相手に、ゼミを開催した。その記録が、『誰のために法は生まれた』(朝日出版社、二〇一八年)だ。

本書の議論の柱は、次のようなものだ。

スポーツ団体のパワハラに顕著なように、集団は、内部の個人に犠牲を強要しがちだ。これを解体するには、自由で独立した人々が透明な空間で議論し、諸々の集団を超える意思を作り出す必要がある（例えば、国会議員が、国会での議論を通じ、パワハラ禁止法を制定する）。この意思決定を政治という。ただ、個人の自由のために成立した政治が、自由を破壊する決定をすることがある。そんな時、人々は連帯して政治と対抗し、あるいはその連帯を政治に置き換え、自由の侵害を斥《しりぞ》ける。これがギリシアで生まれたデモクラシーだ。

他方、ローマでは自由を守る法が発展した。土地などを巡る争いの解決は、対象物の占有の認定から始まる。占有のない当事者は、相手が不当な実力を使って自分を対象物から切り離したことなどを立証しなくては勝てない。占有を核としたシステムの構築により、ローマ法は、個人の自由を守り、取引に必要な信用を生み出した。

「デモクラシーと占有概念によって個人の自由を守る」という構想は、現代の人権思想の源流でもある。このことを、木庭先生は、映画やギリシア古典をじっくり読み解きながら伝えて行く。この手法を迂遠《うえん》と感じる人もいるだろう。

しかし、政治や自由の概念は、用語の定義を覚えただけでは、真の理解には到達できない。映画や古典は、強烈な状況、驚くべきキャラクターを提示し、我々の考えや価値観を揺さぶる。そこに描かれた人間への共感や考察を通じて初めて、政治や自由を生々しく理解できるようになる。だからこそ木庭先生は、迂遠にも見える手法を採るのだろう。

今、書店には、手っ取り早く儲かるビジネス本、簡単に快楽を得られるヘイト本、複雑な科学を無視できるスピリチュアル本などが溢れている。本書は、そうした効率至上主義の対極にある。

ゆっくり考える時間を与えてくれる本書は、現代人にこそ必要だ。

「普通の生活」に差し伸べられる手

『フェリックスとローラ』（フランス、二〇〇一年）は、不思議なほど、心のどこかに引っかかり続けている映画だ。パトリス・ルコントは、私のとても好きな映画監督の一人だが、この作品が彼の代表作なわけではない。鑑賞後に、「ぜひみんなも観てください」と宣伝したくなる作品でもない。ただ、不可解な事件・出来事に遭遇したときに、なぜかこの映画のことを思い出す。私にとって必要な映画であることは確かだ。

私の中では、この映画は「赤や緑の鮮やかな色彩が印象的な映画」として記憶されていた。しかし、この原稿を書くにあたって改めて鑑賞してみると、むしろ印象的なのは黒だった。黒こそが、他の色彩を引き立てていたのだ。

映画は、ミラーボールの輝く盛り場のシーンから始まる。一人でテーブルに座る男（フェリックス）が、ステージで歌う歌手を見つめている。男が静かに銃を構えると、銃声と共に歌手が倒れ、男は両脇を抱えられて引きずられていく。殺人の動機などは何も描写されない。そのまま、オープニングクレジットの画面に切り替わり、移動遊園地のシーンに移る。

フェリックスは、移動遊園地の経営者の一人だ。故障した家電の修理も得意で、仲間から慕われている。ある日、バンパーカーの受付をしていたフェリックスは、一人の女性に目を奪われる。彼女は運転が下手で、他の車にぶつかりまくっていた。フェリックスは、彼女の後を追い、食事中の彼女に声をかける。彼女は、「私を雇う気ない？」と尋ね、フェリックスは「ああ、いいよ」と答える。彼女はローラと名乗り、移動遊園地の一員として働き始める。

この映画では、たばこの煙も印象的だ。ローラは楽しそうに働きながらも、どこか不安定で、虚ろな表情であることが多い。住んでいる場所について嘘をついたり、何の説明もなくどこかへ行ってしまったりする。過去の男の影がちらつき、別れた夫が子どもに会わせてくれないと訴えたりもする。厄介な女性だ。それでも、フェリックスはローラに惹かれる。

物語の終盤、ついにローラは、愛のために、前夫である歌手を殺してほしいと、フェリックスに銃を渡す。フェリックスは、それを持って盛り場に向かい、冒頭のシーンとなる。しかし、銃殺は起きない。フェリックスは、殺人なんてできるわけないし、そもそも弾も込められていないではないか、ふざけるな、とローラに迫る。これに対し、ローラは、自分には子どもなどいないし、良好な家庭環境に生きてきたこと、要するに平凡な人生であることを告白する。ローラという名前すら嘘だった。

衝撃のラストを期待していた人にとっては失望の展開だろう。嘘つきローラに愛想をつかしたっていいはずだ。でも、フェリックスはそうしない。「君の哀しみはウソじゃない」と、そのままの彼女を受け入れる。

ローラを演じたシャルロット・ゲンスブールは、二〇一七年に「Rest」というアルバムを発表しているが、そのインタビュー（honeyee.com 10/Nov/2017）で父のセルジュ・ゲンスブールに関連して、こう言っていた。「人はあえて、その人らしさから遠く離れた場所へ運ばれる必要があるのだと思います。父はシャイな人でしたから、自ら挑発者になることで、本来の自分から離れた場所に自分を置きました」。

人は誰しも、多かれ少なかれ、自分自身を演出している。そして、実態があろうがなかろうが、自分が想像したこと、考えたことに影響を受けて生きてしまう。それは、冒頭の銃殺シーンを見た観客が、それを前提に映画の物語を追っていくのと同じことだ。人間の想像力を甘く見てはいけない。「想像したこと」は、「客観的な事実」よりも、その人に大きな影響を与えることはありうるのだ。

この映画でもう一つ印象的だったのは、手を差し伸べるシーンだ。私は、ふと、『欲望という名の電車』（アメリカ、一九五一年）のブランチを思い出した。

ブランチは、南部の名家であった実家の没落、結婚生活の破綻、妹の夫スタンリーからの暴行など、数々の悲惨な目に遭う。期待していたミッチも助けてくれない。ついに、彼女の精神は崩壊してしまう。映画のラストは、ブランチを施設に連れていくシーンだ。取り乱したブランチは、看護婦に力で抑え込まれる。そこに精神科医が優しく手を差し伸べ、ブランチを起こす。そして、帽子をとって紳士的に挨拶をし、腕を差し出す。するとブランチは、「私、いつも、見ず知らずの方のご好意に頼ってきましたの」と言いながら、穏やかに腕をとり、施設に向かう車に乗り込んでいく。

ブランチの場合、数々の悲惨な出来事や暴力が直接、間接に描写されており、手を差し伸べる人が必要なことは痛いほどによく分かる。これに対し、ローラの場合、何がそれほどにつらいのかは分からない。良好な家庭環境に恵まれ、過去の男とも大きなトラブルはない。客観的に見れば、むしろ幸せな人生と言ってもよいくらいだ。にもかかわらず、ローラはフェリックスに、殺人をいとわないほどの愛を要求する。たとえ何も不幸な出来事がなくても、ローラには優しく手を差し伸べる人が必要なのだ。

では、ローラの辛さとは何なのか。一つの解釈は、ローラが、精神を病んでいるというものだ。しかし、台詞《せりふ》や挙動からは、ローラがうつ病や統合失調症を患っていることは読み取れない。ローラを演じたシャルロット・ゲンスブールも、制作インタビューの中で、「ローラを病人にはしたくなかった」と言っている。空想によって、不幸な私を演じてしまうだけだ。

ローラのつらさは、不幸な出来事や心の病ではなく、彼女の「普通の生活」の中にある。良い両親に恵まれ、物質的には満ち足りていて、悲惨な境遇にいなくても、彼女は自分のかけがえのなさを信じられない。彼女はそれに絶望している。彼女に足りなかったものは、手を差し伸べてくれる「見知らぬ人」だった。縁もゆかりもない見知らぬ人の優しさだからこそ、自分のかけがえのなさを実感できるのだ。

現代を生きる中で、「なぜ、この人がこんなことをしてしまうのか?」と思ってしまうことはないだろうか。凄惨な事件を起こした犯人の生い立ちは、ブランチほどに悲惨な人生ではなかったりする。富も社会的地位もある人が、テレビやＳＮＳで信じられないような差別的発言をしたりもする。こうした事件や出来事を見て不可解な気分になったとき、私は、ローラのことを思い出す。

彼らは、分かりやすい「悲惨な生活」の中にいるわけではない。しかし、「普通の生活」にも、絶望的なつらさがある。彼らに差し伸べられるべき手が、圧倒的に足りていない。現代社会に必要なのは、巨悪と闘う圧倒的な強さを持ったヒーローではない。どこにでもいそうな、修理上手な心優しいヒーローたちだ。

そういえば、ローラの方からフェリックスに手を差し伸べるシーンもあった。ローラだって、助けられてばかりいるわけではない。誰かに手を差し伸べる「見知らぬ人」になり得るのだ。そこに希望があるのだと思う。

この裁判は、誰にとっても他人事ではない

「あ、これ知っている」。

映画『否定と肯定』（イギリス・アメリカ、二〇一六年）を見ながら、私はそう思った。リップシュタットの裁判の詳細を調べたことがあるという意味ではない。もっと生々しく、「いま、これを体験している」という意味だ。

「ホロコーストはなかった」との主張は、「地球は平らだ」との主張と同レベルに荒唐無稽な議論だ。ところが、それを平然と主張する人が現れる。彼らは、アカデミックな専門トレーニングを受けた学者として著名なわけではない。しかし、政治家や小説家として有名だったり、別の分野の大学教授だったりする。本人の知名度や大学の権威のせいで、荒唐無稽な主張が、いつの間にか一般の人にも広がってゆく。日本でも、南京大虐殺など、日本軍の残虐行為を否認する主張

についてよく見られる光景だ。

これは、歴史学の分野に限らない。私の専攻する憲法学でも、「憲法二四条は同性婚を禁止している」とか、「最高裁判例は、日本政府が集団的自衛権を行使することを認めた」といった嘘が、著名な評論家あるいは政治家の口から平然と語られる。

映画にある通り、彼らは「証拠」を無視するわけではない。文書の中から自分に有利な部分だけを取り出したり、外国語を誤訳したりして、自説の「証拠」とする。オーソドックスな研究者にまとわりつき、無視されると「あいつは自分に対して有効に反論できなかった」と吹聴する。アウシュビッツの生存者に対しては、「ガス室のドアがあったのは左か右か」といった些事を質問し、言い間違いや記憶違いを引き出して侮辱する。

彼らの口撃《こうげき》は、熱心でしつこい。そのエネルギーをボランティア活動に注ぎ込めば、社会はだいぶ豊かになるだろうに。なぜ彼らは、非生産的な活動にそこまでエネルギーを費やすのか。

否認の背景には差別感情がある。ユダヤ人や中国人に対して差別感情を持つ人々は、ホロコーストや南京大虐殺の否認を喝采するだろう。差別主義者という歪んだコミュニティーではあっても、その中で上り詰めれば、それなりの「名誉」を獲得する。出版や講演を通じて、経済的にも得をする。政治家にとっては票にも結び付く。これだけの見返りがあれば、彼らが熱心になるのも当然だ。

しかし、否認は、人権の理念、学問的誠実さ、一般社会での道徳など、ありとあらゆる人間的な徳目に反する。それを防ぐには、どうしたらよいのか。

この映画は、メディアによる「両論併記」に大きな問題があることを示唆している。確かに、誠実に学問的検討をして議論が分かれる場合には、双方の主張を吟味することが不可欠だ。しかし、ホロコーストの否認と歴史学の一般的見解とを併記すれば、前者が後者と並び立つ重要な見解であるような錯覚を与えるだろう。弁護団は、リップシュタットとアーヴィングを、同じ土俵に絶対に立たせなかった。これこそが正しい対応なのだ
二〇一五年夏、集団的自衛権行使容認の合憲性をめぐり、日本の憲法学者の見解は、違憲九対合憲一程度に分かれたと言われる。しかし、一対一の割合で「両論併記」するメディアも多かった。議論の質や比率を無視した「両論併記」は、公正でも中立でも誠実でもない。

私は当時、集団的自衛権の行使は合憲だとする論拠をネッシーに例え、「ネッシーを探すよりも、『ネッシーはいる』と主張する有名人を探す方が簡単だ」と解説した。ネッシーがいる証拠を示せなくても、ネッシー学者の主張を毎日聞いていれば、大衆はネッシーの存在に親近感を覚えるようになるだろう。メディアには専門家を称する人々の主張内容を検証し、取捨選択するリテラシーが求められている。

映画の結末において、リップシュタットは裁判に勝った。しかし、予期した通り、アーヴィングは裁判の正当性をも否認し、メディアで荒唐無稽なネッシー学説をまくしたてる。

ネッシー学説を喝采する聴衆がいる限り、販売部数や視聴率あるいは広告収入を追い求めるメ

ディアは、ネッシー学説を言論空間から追い出さないだろう。こうした現象を止められるのは、一般の人々だけだ。一般の人々の知的誠実さが、ネッシー学説に敢然とＮＯを突き付けられるか。社会の未来は、一般の人々にかかっている。

負の記憶と向き合う機会

映画『コリーニ事件』（ドイツ、二〇一九年）の鍵は、殺人犯コリーニの「動機」にある。その背景にある、ドイツ刑法について解説しておこう。

人を殺した場合、日本法では、動機の悪質さや計画性にかかわらず、すべて「殺人罪」（刑法一九九条）として扱われる。これに対し、ドイツ刑法では、殺人を謀殺（Mord）と故殺（Totschlag）に区別する。謀殺とは、殺人欲求や性欲を満たす等の「低劣な動機（niedrigen Beweggründen）」に基づき、残酷な方法、公衆に危険を及ぼす方法または犯罪隠ぺいのために行う殺人を言う。謀殺罪が成立すれば、終身刑が科される（ドイツ刑法二一一条）。これは、死刑廃止国であるドイツにおける最高刑だ。これに対し、故殺罪の刑は五年以上の自由刑とされる（同二一二条）。

今回の事件では、コリーニがマイヤーを殺したことは明らかなので、無罪の主張は無理だ。そこで、弁護人は、「低劣な動機」がなかったことを立証し、終身刑を免れようとする。しかし、コリーニは、動機を説明しようとしない。

コリーニの動機を探求する中で登場するのが、ドイツ刑法の共犯規定だ。例えば、上司Aが「低劣な動機」に基づく殺人命令を出し、部下Bは個人的な動機なしに「命令だから」と実行したとしよう。旧来のドイツ刑法では、Aはもちろん、Bにも終身刑を科すものとしていた。しかし、映画の中でも指摘されていたように、一九六八年の法改正により、Bのような共犯者は減刑することとなった。

「動機については、個々の行為者ごとに判断しよう」というこの法改正は、一見、理にかなった法改正に思える。しかし、この法改正は、思わぬ結果を招いた。

裁判所は、ナチ犯罪について、ヒトラーやヒムラーらナチ政権の幹部は謀殺犯と言えるが、命令を実行した官僚や士官たちは「低劣な動機」を欠いており減刑されると判断した。時効期間は法定刑によって決められるため、謀殺罪となるナチ幹部の犯罪を除き、大量のナチ犯罪の公訴時効が「一九六〇年に成立していた」ことになってしまった。

この突然の時効成立が、いかに不条理かを理解するには、シュリンク『朗読者』（松永美穂訳、新潮文庫、二〇〇三年）と比較してみるとわかりやすい。『朗読者』は、『コリーニ事件』と同様、ナチ犯罪の追及をテーマとしたドイツ小説で、『愛を読むひと』（アメリカ・ドイツ、二〇〇八年）

として映画化もされた。この作品に登場するハンナや、その他の女性は、強制収容所の看守をしていた時の残虐行為について裁判にかけられ、終身刑や有期懲役刑を科されている。「親衛隊大隊指導者」という重要な役職にあったハンス・マイヤーが、裁判にすらかけられないとは、被害者や遺族の無念は計り知れない。

私は、この映画を観ながら、些細な法文の文言の違いが、いかに人々の人生に深く、取り返しのつかない影響を与えるかに思いを巡らせた。大量のナチ犯罪の免責は、一九六八年に行われた、わずか数行の刑法改正の帰結だった。法文の影響は、それを一読しただけでは測りきれないことも多い。実際、連邦議会の審議で、共犯規定改正のナチ犯罪追及への悪影響に気づいた者は少なかったという。立法や法改正・法解釈に関わる者は、それがどのような帰結を持つのか、慎重に見極めねばならない。民主主義国家においては、すべての市民にその責任があるということだ。

最後に、「負の記憶との向き合い方」に触れておこう。近代刑事法は、刑罰を犯罪予防の手段と位置付け、被害者の感情や声とは距離を置いてきた。しかし、近年、刑事司法は、もっと被害者と真剣に向き合わなくてはいけないのではないか、と考えられるようになってきた。日本の著名な法律雑誌でも、「犯罪被害者支援」や「修復的司法」といった概念が特集されるようになってきている。

被害者が、「何が起きたかを知りたい」、「量刑に意見を述べたい」と考えるのは自然なことだ。また、自らの被害が無意味になってしまわないよう、「加害者から反省の言葉を聞きたい」、「更生してほしい」と思うのも当然だろう。

では、こうした思いに応えるべきは誰か。犯罪を実行したのは、確かに加害者であり、他の者に直接の責任はない。ただ、犯罪の土壌を作り、犯罪を防ぐ努力を怠ったのは社会だ。社会は、加害者とともに、全ての犯罪の重みを背負い、被害者の声を聴かなくてはならない。

被害者の声を受け止める仕組みは、少しずつ出来上がってきている。映画でも、マイヤーの遺族・ヨハナは、検察官席の隣で訴訟に参加していた。これは、ドイツ法が世界に先駆けて整えた被害者支援の仕組みだ。ところが、コリーニは、謀殺被害者の遺族でありながら、加害者の反省を聞くこともできず、量刑に意見を述べることもできなかった。それどころか、告発は却下され、法廷が開かれることすらなかった。

コリーニは、法によって、負の記憶と向き合う機会を奪われた。法を作るのは社会だ。ドイツ社会は、コリーニに対する残酷な仕打ちの責任と向き合わなくてはならないだろう。そして、「負の記憶」は、ナチ犯罪だけの問題ではない。日本も含め、すべての社会は、あらゆる犯罪記憶と向き合う心構えが必要だ。

あとがき

本書のタイトルに出てくる「憲法学者」という言葉には、憲法学界の中で、少し特殊なニュアンスがある。それは、私の尊敬する憲法学者の一人、奥平康弘先生にまつわる話だ。

一九二九年生まれの奥平先生は、新憲法の誕生からその後の成長までを直《じか》にみてきた世代にあたる。奥平先生は、表現の自由を中心に、多くの領域で革新的な業績を残した。学問的に洗練されているだけでなく、名文家で、魅力的な一般向けのエッセイも多い。そんな奥平先生は、自身を「憲法学者」ではなく「憲法研究者」と名乗っていた。著書や講演会のプロフィールを見ても、「東京大学名誉教授」ではなく「憲法研究者」の表記になっているものが多い。生涯、謙虚に研究に向き合う姿勢を示すため、あえて「学者」という権威を帯びがちな呼称を避けたのだ。

奥平先生の肩書のことを考えると、自身を「憲法学者」と名乗るのはいかにも不遜に思える。しかし、話はそう単純ではない。いま、私が「私は憲法研究者です」と言えば、それは、「私は奥平先生と同じ肩書を名乗れるだけの人間だ」と宣言したことになってしまう。現在の私は、そんな不遜な気持ちにはなれない。

だろう。「いつか『憲法研究者の思考法』と題された本を出すことができるようになりたい」という気持ちはある。そのためには、憲法学の知見に基づき思考を積み重ね、研鑽《けんさん》を積んでいくしかない

最後になるが、本書の出版にあたっては、青土社編集部の足立朋也氏に大変なご尽力をいただいた。様々な媒体の原稿を確認し、連絡・調整を行うのは大変な作業であったと思う。山本理顕氏からは、子安小学校の貴重な写真を提供していただいた。また、本書の装幀は、堤岳彦氏にご担当いただいた。堤氏の素晴らしいアイデアと作品のお陰で、装幀からも、本書の伝えたいメッセージが明確に伝わるようになったと思う。各氏に厚く御礼申し上げる。

二〇二〇年一二月

木村草太

初出

書籍化に当たり加筆修正を行った。

憲法は待たれながら　『本』2016年10月号
憲法を疑う人は何を信じているのか？　『現代思想』2015年10月臨時増刊号
りんごアップルジュースと憲法　『群像』2013年11月号
平和産業と緊急事態と憲法　『月刊民商』2020年5月号
憲法と家族と相続税　『税経新報』2020年5月号
国民投票・住民投票の条件　『ａｔプラス』17号、2013年8月
特定秘密保護法の制定過程が示すもの　『ａｔプラス』19号、2014年2月
「個人の尊重」を定着させるために　『現代思想』2016年10月号
女性の能力を尊重し活用するために　『すばる』2018年5月号
生活保護を護るために　『朝日新聞』2017年8月31日朝刊
同性婚制度の不在を考える　『朝日新聞』2018年8月30日朝刊
共同親権の導入を考える　『朝日新聞』2019年2月28日朝刊
死刑違憲論を考える　『世界』2018年9月号
生前退位を考えるために　『朝日新聞』2016年8月25日朝刊
皇室典範どこまで変えるべきか　『文藝春秋SPECIAL』2017年冬号

辺野古から問う正義　『現代思想』2016年2月臨時増刊号
「批判中毒」から脱するヒント　『朝日新聞』2017年2月23日朝刊
沖縄と差別　『ヒューマンライツ』2018年12月号
建築と景観　『建築雑誌』2013年5月号
無限に連なる3LDK　『ソフトロー研究』11号、2008年3月
子安小学校の中立空間　『Faces（n°78, automne 2020）』
「ソフト新手」は誰のものか？　『一冊の本』2017年8月号
まさかの幕切れ　『朝日新聞』2016年4月25日朝刊
それぞれの個性を磨く先に　『毎日新聞』2019年4月22日夕刊
藤井二冠の謙虚さ　『日本経済新聞』2020年8月29日朝刊
緊急時に、あなたは何をするのか　『現代思想』2020年9月臨時増刊号
弱い真理は誘い、導く　人文会創立50周年記念誌『人文書のすすめ』2018年9月
グローバルな戦国歴史小説　『週刊文春』2014年10月30日号
効率至上主義の対極に　『週刊文春』2018年10月25日号
「普通の生活」に差し伸べられる手　『現代思想』2018年3月臨時増刊号
この裁判は、誰にとっても他人事ではない　映画「否定と肯定」パンフレット、2017年
負の記憶と向き合う機会　映画「コリーニ事件」パンフレット、2020年

木村草太（きむら・そうた）

1980年神奈川県生まれ。憲法学者。東京大学法学部卒業。同大学院法学政治学研究科助手を経て、現在、東京都立大学大学院法学政治学研究科教授。主な単著に『木村草太の憲法の新手2』（沖縄タイムス社、2019年）、『自衛隊と憲法』（晶文社、2018年）、『憲法の急所（第2版）』（羽鳥書店、2017年）、『憲法という希望』（講談社現代新書、2016年）、『テレビが伝えない憲法の話』（PHP新書、2014年）、『憲法の創造力』（NHK出版新書、2013年）、『平等なき平等条項論』（東京大学出版会、2008年）など、主な共著に『ほとんど憲法（上下）』（河出書房新社、2020年）、『憲法問答』（徳間書店、2018年）、『集団的自衛権はなぜ違憲なのか』（晶文社、2015年）、『憲法学再入門』（有斐閣、2014年）、『未完の憲法』（潮出版社、2014年）などがある。大の愛棋家でもあり、日本将棋連盟から三段を授与されている。

憲法学者《けんぽうがくしゃ》の思考法《しこうほう》

2021年2月11日　第1刷発行
2021年5月25日　第2刷発行

著　者　木村草太《きむらそうた》

発行者　清水一人
発行所　青土社
〒101-0051　東京都千代田区神田神保町1-29　市瀬ビル
電話　03-3291-9831（編集部）　03-3294-7829（営業部）
振替　00190-7-192955

印　刷　ディグ
製　本　ディグ

装　幀　堤 岳彦

ISBN978-4-7917-7346-6　C0032